図説

英国インテリアの歴史

魅惑のヴィクトリアン・ハウス

小野まり

河出書房新社

図説

英国インテリアの歴史

魅惑のヴィクトリアン・ハウス

目次

はじめに 4

第1章
"Home! Sweet Home!" イギリス人にとってのインテリアとは 6
お家大好き！ イギリス人 6
最高のおもてなしは自宅での接待 9

第2章
英国インテリアの変遷 18
英国インテリア史前期 18
居心地の良さを求めて 18／防御からの解放 21／神々からの脱却 22／イングリッシュ・ルネサンスの開花 23
英国インテリア史中期 26
テューダー&ジャコビアン様式 Tudor and Jacobean Styles 26
王政復古&クィーン・アン様式 Restoration and Queen Anne Styles 32
アーリー・ジョージアン様式 Early Georgian Styles 36
ミッド・ジョージアン様式 Mid Georgian Styles 42
リージェンシー様式 Regency Styles 48

第3章
ヴィクトリアン・ハウスの魅力 54
バラエティに富む〈ヴィクトリア様式〉 54
ヴィクトリアン・ハウスとは 55
アーリー・ヴィクトリアン・セミ・デタッチド 56／デタッチド・イタリアネッテ・ヴィラ 57
デタッチド・ブリック・ヴィラ 57／フラット・フロンテッド・テラス 58／マンション・フラット 58
ミドル・クラス・テラスド・ハウジング 58／アーツ・アンド・クラフツ・コテッジ 59

第4章
デコレーション！ デコレーション！ 64
ヴィクトリアン・ハウスのインテリア
暖炉 Fireplaces 64

Illustrated by Percy Macquoid
from A History of English Furniture,
Originally published 1904-1908.

天井&床 Ceilings & Floors 68
壁 Walls 72
窓 Windows 76
明かり Lighting 80

第5章 ヴィクトリアン・ハウスの暮らし 86

おもてなしのインテリア Reception Rooms 86
くつろぎのインテリア Private Rooms 90
男性のためのインテリア Study and Amusement Rooms 92
女性のためのインテリア Peace and Comfort Rooms 94
子供のためのインテリア Nursery Rooms 96
メイド&執事のためのインテリア Service Rooms 98

第6章 英国インテリアを楽しむ 108

歴史的建造物でインテリアを堪能 108
カントリーハウス・ホテルで体験するゴージャス・インテリア 112
ホリデー・コテッジ、B&Bで体験する英国インテリアライフ 114

第7章 訪ねてみたい ロンドンで楽しめる英国インテリア 120

ロンドンセレブのお宅拝見 120
ミュージアムはアイデアの宝庫 124
あとがき——再認識の喜び 126
参考・引用文献 127

＊地名・プロパティ名などは現地の発音に近い音で表記しています。

Column

1 新築物件がない⁉ 12
2 家の価値は築年数 14
3 土地に執着しないイギリス人 16
4 窓に税金⁉ 50
5 レンガでわかる英国の家 52
6 南向き物件はNG 60
7 居心地のいい？ 階級社会 62
8 男性の価値はＤＩＹ指数！ 84
9 ガーデンもひとつのお部屋 100
10 ヴィクトリア時代の著名人のお宅拝見！ 102
11 ナショナル・トラストで楽しむ〈庶民のお家〉 110
12 美しすぎる！ お風呂&キッチンの謎 116
13 英国式〝隠す！ 技術〟と〝捨てる！ 技術〟 118

はじめに

私の生家は現在はもうありませんが、東京青山の閑静な住宅地にありました。門をくぐると右手には花壇があり、正面は両親と兄弟たちと暮らした母屋《おもや》。その左には母方の祖父母が暮らす和風の離《はな》れがありました。一九六〇年代の東京のど真ん中、いま考えると、それはとても贅沢《ぜいたく》な住宅環境だったと思います。

小学校に上がる前のことだと記憶していますが、ある日の昼下がり、家のベランダから見える向かいの家、それは自分の家とは少し違う、緑色の芝生が広がる庭の奥に建つ大きな白い家……という印象でしたが、その家のベランダから、やはり同い年ぐらいの青い目をした少女がこちらを見ていました。そして幼い子特有のコミュニケーションといいましょうか、お互いの人形やおもちゃを庭越しに見せ合いはじめました。

その後、数日もしないうちに、私はその家から招待されました。まだ小さかったので、当時我が家に住み込みで働いていた若いお手伝いさんにお供《とも》をしてもらい、訪ねたと思います。その家でも、やはりお手伝いさんが私たちを出迎えてくれましたが、恰好《かっこう》からして、いま思えば、英国のメイドさんのような白い素敵なエプロンをつけていたと思います。ともかく、その洋館へ一歩はいった瞬間、まるでおとぎの国に迷い込んで

しまったような、いまでも忘れられないような強烈な印象を受けました。

白い壁に高い天井、見たこともない綺麗《きれい》な花柄のカーテン。その窓越しに広がる青々とした芝生。通された少女の部屋には、初めて目にする大きな人形の家。その家のインテリアは、当時普及しはじめたカラーテレビに映る、アメリカのホームドラマに出てくる家よりも、ずっと上品で気品に満ちていたように思います。それは私にとって、生まれて初めての異文化体験だったのかもしれません。

それからおよそ半世紀がすぎました。英国に暮らしはじめ、幸運にも、数多くの歴史的建造物を訪れ、そこで地元のイギリス人にまじって仕事をする機会にも恵まれました。かつてはすべてが新鮮で驚きの連続で、しかしいまではすっかり親しい間柄となったイギリスの住宅やインテリア。その心地のよい空間について、あらためて考えてみようと思ったのが、この本を書いたきっかけのひとつです。

あの幼い頃の強烈な印象を思い起こしつつ、その気になれば日本でも再現可能な素敵な空間をご紹介します。時代は大きく変わり、日本社会が成長期を脱して成熟期を迎え、人々の暮らしや居住環境に対する考えには大きな変化が訪れているのではないでしょうか？

そうした背景も鑑《かんが》み、イギリス人の家にかける思い、時代の移りゆきにともなうその変容についても交えながら、ご紹介できればと思います。

Took this photo at the Geffrye Museum in London.

夏場の午後６時前後は、まだまだ明るい。英国のお父さんたちは家の仕事に精を出している時間なのでパブも閑散としている。実際に混みはじめるのは家の仕事も一段落つく午後８時すぎだ。

ロンドンの高級住宅地。玄関は１階、地上階が４～５階、地下に１階と縦に長い。一見狭いようにも思えるが、奥行きがあり、天井が高いので中に入ればかなりの高級感。本来はすべての階あわせて一戸だが、フロアごとに分譲している物件も多い。

第1章

"Home! Sweet Home!" イギリス人にとってのインテリアとは

お家大好き！　イギリス人

午後五時、ロンドンをはじめとする大都市はもちろんのこと、筆者の住むコッツウォルズ郊外の小さな町でも家路を急ぐ車で、そこかしこの道路が大渋滞する時間帯です。

「何でこうも毎日同じ時間に、それも寄り道も考えずに、誰もが勤め先からまっすぐに家に帰るのか！　しかも彼らの通勤時間は車でせいぜい二〇分ほどの距離。何が何でも五時半には家に到着して、ソファに腰をおろしてビールでも飲んで、ＴＶでも見たいのかしら……」

運悪くこの帰宅渋滞に巻き込まれると、日本のサラリーマン生活では考えられないこのイギリス人たちの動向に、なかば諦めと、残業がない（もとい、残業をしない）彼らの就業スタイルを少しばかり羨まし

イギリス人のリタイア後の夢はカントリーサイドに暮らすこと。それも築数百年の家に暮らしながら、ガーデニングやＤＩＹを楽しむのが夢と語る人は多い。写真はイギリス人が老後に暮らしたい人気の地域コッツウォルズ地方の家並み。

ハンギングバスケットやアンティーク調のランプが似合うのも、古い石壁ならでは。内装だけではなく外装にもこだわりを持つ。

英国の家につきものの暖炉の煙突。暖炉をインテリアとして生かすも殺すも家主のセンス次第。使われない煙突には小鳥が迷い込まないように、チキンワイヤーを丸めて詰めておく。

く思いながら、愚痴っていたものです。

ところが、英国での暮らしが長くなると、彼らのライフスタイルを垣間見ることができ、社会構造も理解するにしたがって、この午後五時からの生活が日中の仕事と対比して、なかなか重要なのだということがわかってきました。

日本の場合、何らかの仕事をして、その報酬《ほうしゅう》を貯《た》めて資産を増やす……というのが一般的な考えだと思いますが、英国の場合は、仕事で得るお金は日常生活や年に一度か二度の休暇旅行のために使うものであり、資産は「家」で作るもの……という考え方を持つ中流家庭が多いのです。その証拠に、英国の一般家庭の預貯金の平均的な金額はなんとわずか五〇〇〇ポンド（一ポンド一五〇円レートで七五万円）前後です。階級社会でもあり、全人口のトップ一％が、世界でも有数の富裕層にあたりますので、一般庶民の預貯金は、平均額よりもさらに低いことが想像できます。

このような背景もあり、英国では住んでいる家をそのまま売るのではなく、少しでも評価額を高くしようとし、そのために家のメンテナンスはもちろんのこと、インテリアもできるかぎり自分たちで手

アンティークフェアや蚤の市が１年中そこかしこで開かれているのも英国ならでは。古い家に合うのはやはり長い年月を経た家具や雑貨だ。

「マイホーム」という言葉がとてもしっくりくるのがイギリス人ファミリー。アンティークの映える素敵なインテリアでも、小さな子供がいればこんな微笑ましい場面にも出会える。

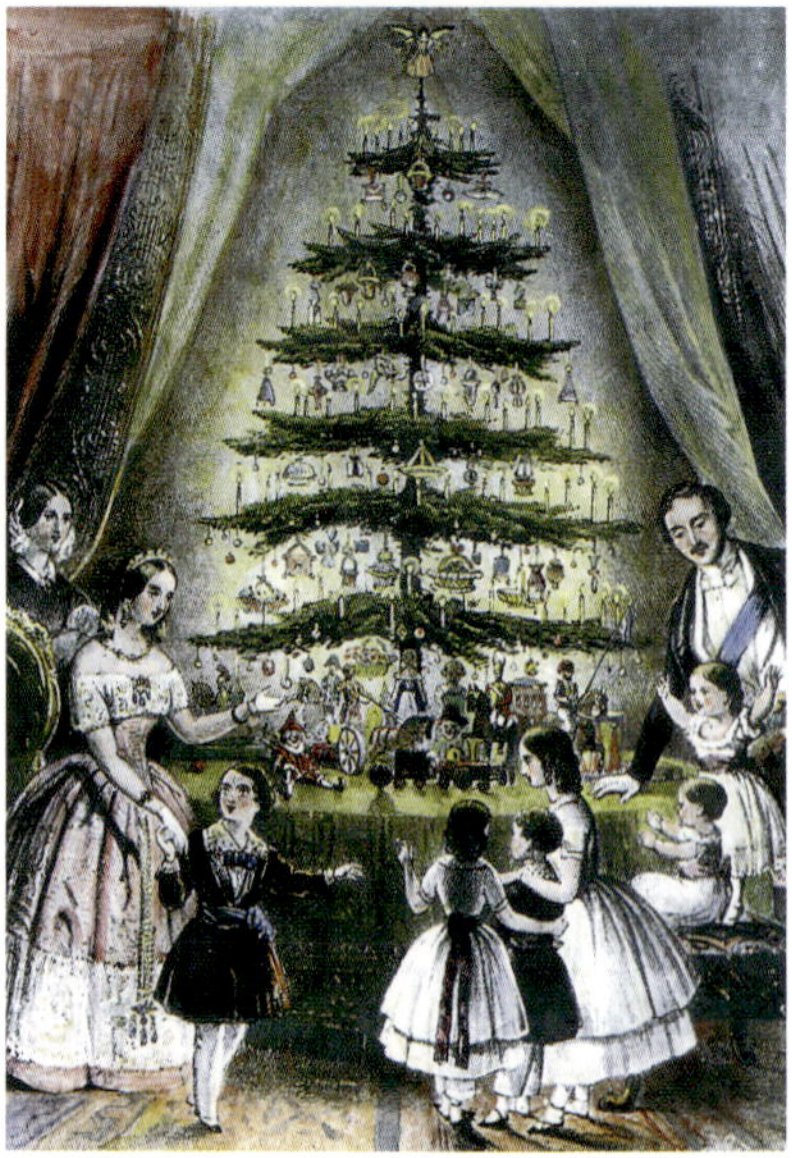

英国の長い歴史のなかで、国民に対して最も「模範的な家庭生活」を啓蒙したのがヴィクトリア女王とアルバート公ファミリーだった。わずか20年ほどの結婚生活であったが、９人の王子、王女に恵まれ、当時の理想の家庭として、国民の羨望の的となった。

を入れ、素敵な部屋を演出する……。これこそが、資産を増やす代表的な手段となっています。したがってイギリス人サラリーマンにとって、午後五時以降に重要な仕事が待っているわけで、少しでも早く家に到着して、第二の仕事を片付け、その後にようやく一日の疲れを癒《いや》すことができる、ということなのです。

上／心憎い演出がうまい英国インテリア。
左／壁紙やペイントと並んで人気が高いインテリアに石壁をそのまま利用する方法がある。歳月が経った石壁ならではの温かみが感じられる。

ケントにあるサー・ウィンストン・チャーチルの家「チャートウェル（Chartwell）」。ここにはチャーチル自ら手を入れたガーデンがある。歴史に残る名相も、家へ帰ればガーデニングにいそしむ「英国のお父さん」だった。

「何とも涙ぐましい、働き者の英国のお父さんたち」夕方の渋滞に遭遇《そうぐう》すると、最近ではそんな思いもよぎるようになりました。ともかく、イギリス人にとって家は、とても重要な存在なわけです。

最高のおもてなしは自宅での接待

さて、家やインテリアがイギリス人にとってことのほか重要な二番目の理由です。イギリス人に対する皆さんの印象はどのようなものでしょうか?

ラテン系ほど陽気でもなく、アメリカ人ほどオープンマインドでもなく、日本同様に島国特有の閉鎖的というべきか、他民族に比べて自己表現をあまりしない人種のように受け取られることもあるようです。ところが大概《たいがい》のイギリス人は、ほんのささいなことで心を開いてくれることが多く、いったん仲良くなると、どこまでも親切に優しく対応してくれます。

そして親交を深める行為として、互いの家に招待をします。最初は双方ともあまり負担のかからないように、軽めのお茶での談笑から、そしてその次は夕食を、気持ちのいい夏の週末には自宅のガーデンでバーベキュー等々。年齢や階級を問わず、最高のおもてなしは自宅での接待なのです。

　そうなると、家はいつも小綺麗《こぎれい》に、インテリアはゲストに褒めてもらうのを前提に（というのは冗談ですが……）センス良くまとめ、ガーデンの芝生はいつも美しく刈り込まれ、花々は絶えることなく咲き乱れている……。これこそが、イギリス人の理想なので、つねに他人の目を意識したインテリア作りが原点となります。したがって、あくまでもプライベートな空間として家そのものをとらえている日本人の目から見ると、英国の家やインテリアはとても素敵なものとして映るわけです。

　ただそうなると、「果たして家でくつろぐことができるの？」との疑問も浮かびますが、気持ちのいい素敵な空間では、ほとんどの人は気持ちよくすごせるもの。部屋が散らかっていては、気持ちもザワザワと落ち着かないものです。

　イギリス人の場合、そのライフスタイルの中心は仕事場ではなく、あくまでも家であり、家庭。仕事や出世を犠牲にしてでも、家庭を優先させることが人生を高める〈クオリティ・オブ・ライフ〉と考えています。したがってその舞台である家のインテリアには、できるかぎり贅《ぜい》をつくして楽しむことが、イギリス人の家やインテリアにかける熱い思いでもあるわけです。

ヴィクトリア時代の上流階級の会食の様子。社交界でもディナーパーティーは重要なおもてなし。どの家も招待客やメニューなど念入りに決めていたという。

英国の最も伝統的な会食のメニューに「サンデーロースト」がある。日曜日の遅めの昼にローストした肉とヨークシャープディング、煮野菜などをグレイビーソースで食する。この習慣は産業革命以降、現在に至るまで続いている。ローストした肉を切り分けるのは、その家の主人の役目。マホガニーチェアのデザインや、棚の調度品から、ヴィクトリア時代らしい趣が感じられる。

現代の英国式おもてなしは肩のはらない気さくなサパーが主流。酒のつまみは昔も今も“楽しい会話”というのが定番。

人をもてなす家だからこそ、センスを磨く努力は怠らない。インテリア専門の雑誌の数も日本に比べはるかに多い。

ヴィクトリア時代に大ヒットした “Home! Sweet Home!”

ヘンリー・ローリー・ビショップ

Mid pleasures and palaces
Though we may roam,
Be it ever so humble,
There’s no place like home.
　快楽と宮殿の中をさまよっても、
　貧しいながら、我が家にまさるところはない、

A charm from the skies
Seems to hallow us there,
Which, seek thro’ the world
Is ne’er met with elsewhere.
　空の魅力が我らを清めてくれるように思える、
　世界中探しても他所では絶対に見つからない。

Home! Home! Sweet sweet home!
There’s no place like home!
Oh! there is no place like home!
　我が家、我が家、楽しい我が家、
　我が家にまさる場所はない、
　我が家にまさる場所はない。

（「楽しき我が家」訳：三宅忠明）

1914年版の『ホーム　スイート　ホーム』の楽譜の表紙。

この曲は1823年に作詞・作曲され、同年初演のオペラ「ミラノの乙女（Clari, Maid of Milan）」の中で歌われた歌曲です。作曲はイングランドの作曲家ヘンリー・ローリー・ビショップ（Henry Rowley Bishop, 1786～1855）。作詞は当時ロンドンでビショップとともに戯曲やオペラ界で活躍したアメリカ人俳優兼劇作家のジョン・ハワード・ペイン（John Howard Payne, 1791～1852）によるもの。この曲で両者は大変有名になり、この歌曲の楽譜が出版されたときは10万部を超える大ヒットとなりました。

日本では1889年に里見義訳詞で「埴生《はにゅう》の宿」として当時の中等教育向け音楽教材『中等唱歌集』に掲載されました。その後も映画「二十四の瞳」や「ビルマの竪琴《たてごと》」、「火垂《ほた》るの墓」をはじめ多くのドラマや駅のチャイムなどにも起用されるほど、時代を超えた名曲として親しまれています。

午後のお茶はコンサバトリーで。天候や気温を気にすることなく自慢のガーデンを眺めることができる、ガラス張りの談話室はイギリス人のお気に入り。

もともとは16世紀のファームコテッジ（農場内の家屋）だった家。後から拡張した廊下部分もアンティーク家具やお気に入りの絵画でお洒落にまとめあげている。

400年前の梁をそのまま生かしたダイニング。柱を飾っているのは幸運を呼ぶといわれているアンティークの真鍮馬具飾り。

Column 1

新築物件がない!?

歴史を感じる家並み

英国が一九九〇年代から二〇〇〇年代にかけての好景気を迎えていた一九九九年に、およそ三か月かけて英国中を車で旅しました。南イングランドのケントから始まり、英国西南端のランズエンド、北はスコットランドのアバディーンまで、約五〇〇〇kmにわたる旅でした。その間とても不思議に思ったことは、当時車窓から見える家々はまさに英国そのもので、映画や物語のなかを旅しているように美しかったのですが、同時に、真新しい家や建築途中の建売住宅をまったくといっていいほど目にしなかったことです。

「なるほど、日本のような自然災害が少ないということ、ましてや戦争に負けたこともない国では、家もそのまま何百年も朽ちることなく残るのか」と妙に感心したり、「もしかしたら英国には新築の家を建てることができる大工さんがいないんじゃない?」とか、疑問に思ったものです。ともかく、英国の赤レンガやライムストーンで作られた歴史の重みを感じさせる家々の光景は、木造やモルタルばかりの日本の家並みを見慣れた目には、とても新鮮に映りました。

イングランド中西部のウースターシャーにある築200年の集合住宅。かつては病院だったが、現在は高齢者向けの住宅として活用されている。

コッツウォルズ地方に見られる蜂蜜色のライムストーンのコテッジ。築300年以上経った住宅で、屋内の天井は低く、階段なども歪んでいる場合もあるが、イギリス人にとっては憧れの住宅のひとつだ。

余裕のある人びとは「古い家」へ

その二年後、英国を再び訪れた際には、ちょっとした変化が感じられました。なんと英国のあちらこちらで土地開発の事業が進められていました。なかでも新しい住宅の建築ラッシュが目立つではありませんか!

これはEU統一後にうなぎのぼりに増えた移民に対して市場が反応した結果です。

築1000年を誇るコーフ城を望むドーセットの村。城の歴史と同様に古い家並みが続く。

郊外の新興住宅に見られる典型的なテラスドハウス。間取りは、日本風にいえば1LDKや2LDKで、主に若いファミリー世代が最初に購入する住宅の典型的なスタイル。

アフター・ファイブを利用して、自ら家を建ててしまう猛者もいる。この家はその一例。古い家が多いだけに、そのメンテナンスを請け負う個人業者が多数おり、壁や屋根などは専門家にヘルプしてもらいながら数年かけてお気に入りの家を建てる人は少なからずいる。

上の住宅のリビング。幼い子供たちのために、彼らが遊ぶガーデンが一望できるよう大きな窓を取り付けた。

とくにロンドンをはじめとする大都市圏の近郊には、大規模な住宅団地が登場するようになりました。都市景観を考えて、これまでの住宅と並んでも違和感のない赤レンガ造りの可愛らしい新築住宅が区画ごとに建ち並んでいたのです。それは数年前までまったく見られなかった光景でした。

　EU圏の市場開放後、東欧諸国の若者たちが仕事を求めて英国へ向かった結果、現在ではたとえばロンドンのサービス業で働くほとんどのワーカーたちはイギリス人ではありません。ロンドンを観光で訪れるとわかると思いますが、英語以外の言語が耳に飛び込んでくる機会が多いはずです。

　また「都心近郊の新築住宅……」こう書くと、日本では売れそうな物件に聞こえますが、ここ英国ではちょっと違います。まず、自分が純粋なイギリス人であると思っている人、さらに中流階級あたりにいると思っている富裕層、もしくは「成金」ではありませんが、シティなどで成功して財を成しえた、もしくは高級サラリーを得ている人ほど、そのような新築物件には目もくれません。

　では、経済的に余裕のあるイギリス人たちが求める物件とはどういうものかというと、それは築後数百年も経った、古い古い家なのです。

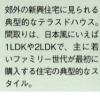

Column 2

家の価値は築年数

築三〇〇年がめど

イギリス人は新築の家をあまり好みません。なぜかというと、第一に新築物件は若者が最初に購入する住宅で、なおかつ見てくれはいいが、建物そのものは安普請《やすぶしん》だろう……。そのようなイメージが強いのです。

第二の理由としては、歴史好きなイギリス人にとって、歴史のない家はつまらない、築五〇年ほどでは、まったく問題外。築一〇〇年で、まあ仕方がないか……と、妥協できるぎりぎりの線です。

ではいったい築年数何年ぐらいがベストかというと、他人様に自慢できるレベルは築三〇〇年は経っていないとだめでしょう。もちろん、築五〇〇年、六〇〇年と古ければ古いほど、その家の主は鼻高々です。

ただこうなると、もはや中古物件ならぬ歴史的建造物。なかには国の保存対象となっている建物も少なくありません。そうした住宅には国から〈グレード1〉〈グレード2〉といった等級が与えられ、自分の家でも勝手に改築などできなくなります。

たとえば、換気のために小窓をつける外装工事でも、まず地元の行政に申請し、許可を得なければ工事をすることができないのです。なんとも厄介な物件ですが、こうした面倒なことに根気よく付き合い、したがうことができるのは、さすが歴史的建造物を大切に守り抜いているイギリス人ならではでしょう。

2002年に約40億円で競り落とされた歴史的建造物ティンス・フィールド。ヴィクトリア時代に復活したゴシック様式のカントリーハウスで、室内のインテリアもほぼ当時のままに残されていたため、大きな話題となった。現在はナショナル・トラストのプロパティ（保護資産）になっている。

世界遺産の街としても有名なバース。写真中央に見えている黄色いダクトが内装工事中に使用されるもの。建物も世界遺産の一部のため、個人宅の工事といえども慎重に行われる。

ロンドンの高級住宅地チェルシーの一角に建つ、ヴィクトリア時代のタウンハウス。外観はご覧のとおりだが、中はとてもモダンな作りになっているところが多い。

右上／築300年以上のティンバー・フレームをそのまま生かした住宅。右下／築年数が古くても綺麗に壁を塗装し、アンティーク家具と調和させてとても素敵なダイニングに。左／16世紀に建てられたファームハウスの内装。ゲストのための寝室（上）と古い柱が家の歴史を語る玄関ホール。こうした家にふさわしい家具はやはりアンティーク。

内装のみの工事

ではここで、築年数何百年もの住宅のインテリアって、いったいどうなっているの？ という疑問にお答えしていきましょう。まず建物のオーナーや用途が変わる場合、内装を大々的に変える必要性が出てきます。ただし、歴史ある家並みの風景を壊すことは禁じられていますので、外装はそのままで、内装のみの工事が行われます。

時折二階以上の部屋の窓から直径二m近くある大きなダクトが出ていて、そこから何やら粗大ごみのようなものが外に出されている光景に出会います。これがまさに築年数の古い建物のインテリア改装工事最中の状況です。

古くなった壁紙、カーペット、暖炉まわりのオーナメントなど、インテリアの変えたい部分を丁寧《ていねい》にはがしたり、外したりして廃棄《はいき》します。その廃棄物を外へ出すためのダクトなのです。そして内装は新しいオーナーの好みに合わせて、ときにはアンティーク調に、ときには超モダンなものに生まれ変わります。

Column 3

土地に執着しないイギリス人

〈九九年の借地権付き〉の土地

「家は一生に一度の買い物」とか、ちょっと古臭いですが「おらが土地」などということを日本ではよく耳にします。ご先祖様から受け継いだ土地は大切なもので、できるかぎり手放さないようにするのも日本に多く見られる習慣です。

ところ変わってここ英国では、人々の土地への執着はほとんどありません。「土地は王室のもの」という考え方がなぜか浸透しており、販売されている住宅も、たとえば〈九九年の借地権付き〉の土地に建っている住宅というのもこちらでは珍しくありません。

ヤドカリのごとく家を替えていく!

土地に執着しない原因は家そのものが「一生に一度」の買い物ではなく、若いときに、まずは一軒目の家を購入、やがて結婚し家庭を持って家族構成が変わったら、最初の家を売って、それを資金に二軒目の広い家を購入、さらに子供たちが独立し、夫婦二人に戻ったら、再び小さな家へと、その時々の家族構成や状況に合わせて臨機《りんき》応変《おうへん》に、ヤドカリのごとく家を替えていきます。

19世紀後半、工業都市を中心に労働者階級のテラスドハウスが建ち並ぶ光景が見られるようになった。裏庭部分を利用して部屋を拡張することも多かった。写真はロンドン郊外の中高層のテラスドハウスの裏側。

再開発が進むリバプールの中心部。新旧の建物が乱立しているが、日本のような看板がないためそれなりの景観を維持している。都心の高層住宅でも窓からの眺めは重要視される。

住宅の評価額も、土地よりは家の間取りや内装の影響を大きく受けます。その証拠に、不動産の広告を見ても、土地の広さや日当たりなどについての記載はなく、一般的には間取りと暖房、ガーデン、駐車場の有無のみです。

　土地への執着はないのですが、他方「場所」や「地域」への執着は結構あります。たとえば「自分が育った場所」とか、「大学時代をすごした場所」とかいった具合です。そうしたお気に入りの場所や地域のなかで、引っ越しを繰り返す人は結構います。そのため、幼なじみ同士のカップルや、同じ地域に半世紀以上住んでいるという人が、地方へ行けば行くほど、その割合は多くなります。

　また、高齢の親の介護ために同居をして面倒をみるという考え方はなく、近くに住んで生活をサポートするというのが一般的です。そのため、いったん親元を離れても、再び元の地域に戻ることがよくあります。同居はしないけれど、〝スープの冷めない距離〟に住んでいるという親子は大変多いのです。

　これは、親にも子にもそれぞれの暮らしがあるという個人主義が徹底していること、高齢者に対する社会福祉が手厚いということも一因です。そもそも「同居をする」という考え方が存在していません。ただし、孫が小さいときは近所に住む親がサポートをし、親が高齢になれば、近所に住む子供たちがケアをする……ということは、ごく自然に行われています。

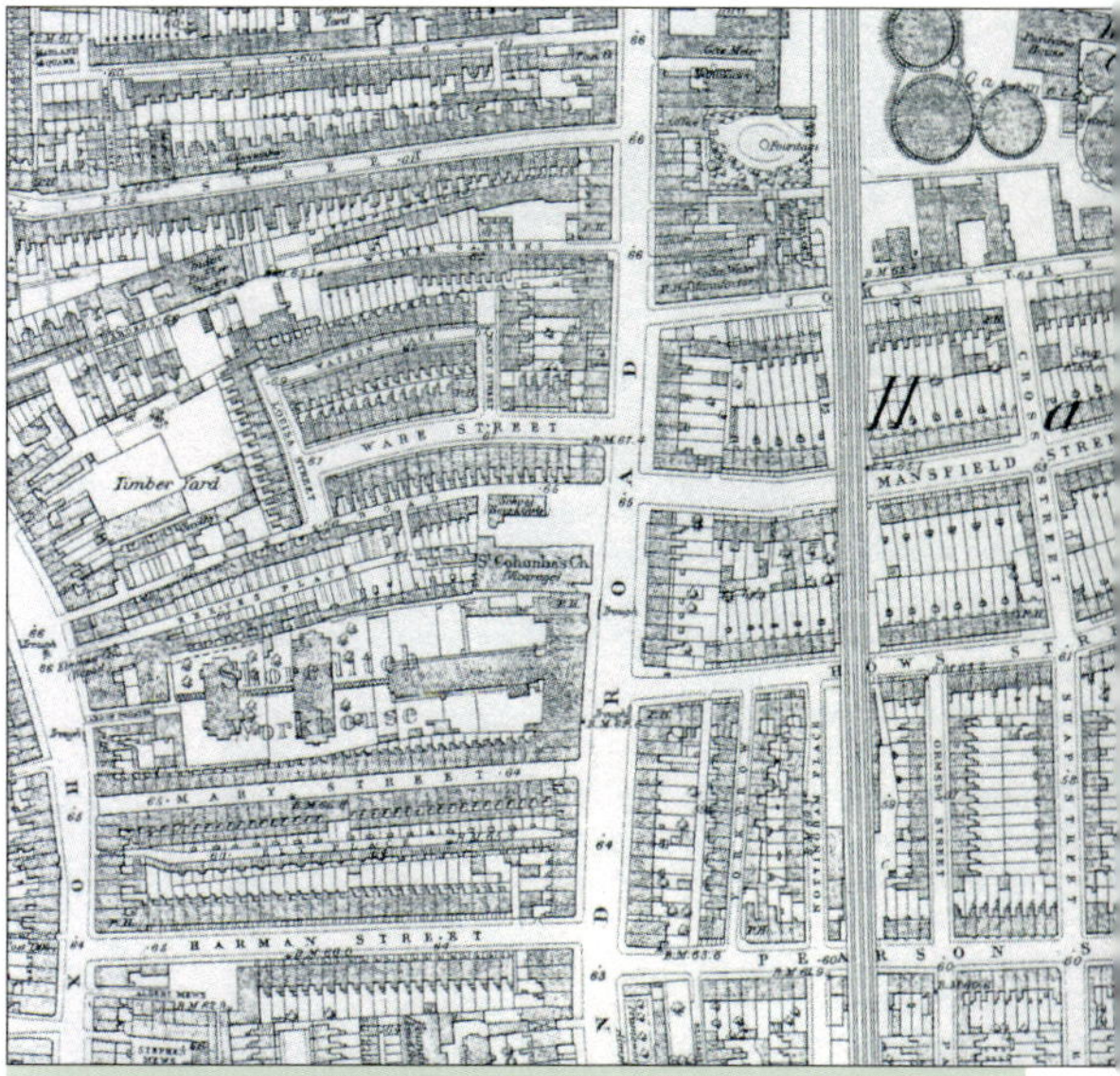

1870年のロンドン北部の地図。この時期、急激な勢いで区画整理がなされ大量の住宅が建設された。

不動産屋のショーウィンドウ。家を購入する際は20～40軒という膨大な数の物件を見て決める人が多いという。

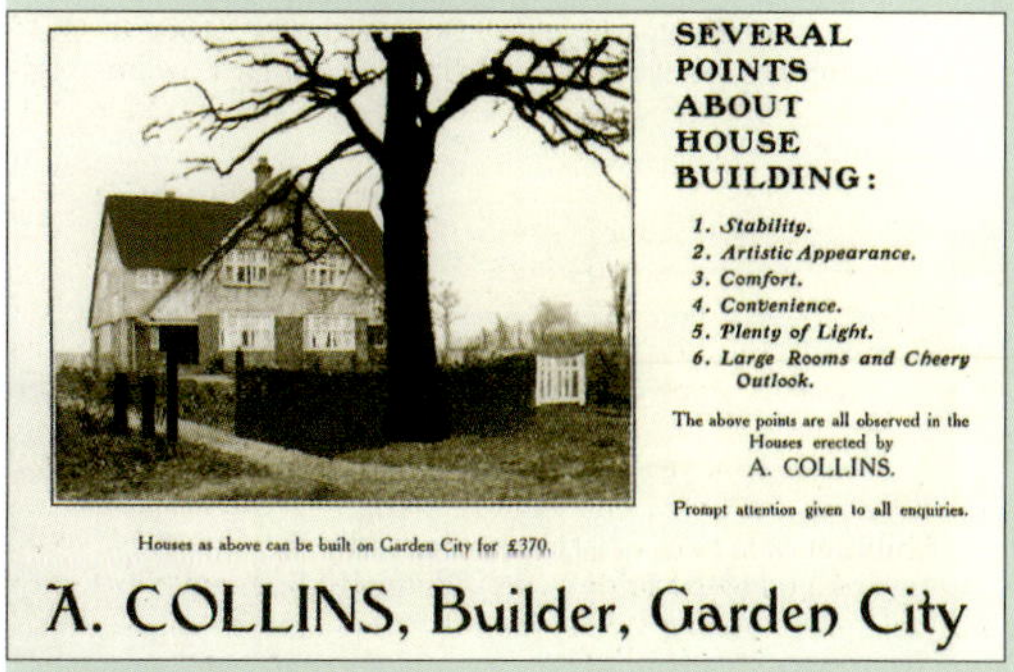

1900年代初頭の不動産広告。イメージ的な宣伝文句が並んでいる。

1859年に建築家フィリップ・ウェッブによって設計されたウィリアム・モリスの邸宅「レッド・ハウス」の暖炉。アーツ＆クラフツ運動の旗頭にふさわしい斬新なデザインだ。

第2章 英国インテリアの変遷

英国インテリア史前期

居心地の良さを求めて

緯度《いど》の高い寒冷地にある英国では、そのインテリアの歴史の出発点を探ると、それはやはり寒さからの回避《かいひ》でしょう。原始の時代から人々の暮らしに欠かせないものはつねに火と水でした。とくに火の存在は、「炉」として原始時代の暮らしの中心にありました。やがて文明の発達とともに、「ファイヤー・プレイス」として生活の随所に散見されるようになります。暖炉の存在は英国のインテリアを語るうえで、とても重要な役割を担っています。

他方、四方を海に囲まれた島国であり、陸地も比較的ゆるやかな丘陵地や平坦地で構成され、内陸部でも豊かな水源に恵まれた英国では、国土のほぼ全域に人口が分布しています。北と南の寒暖差も日本ほどの差異はありません。そのため、地方色という意味合いではそれほど豊かではないかもしれません。

しかしながら、英国の栄華《えいが》をきわめた歴史同様、他の西欧諸国と比べてみても、これほど豊富に室内装飾にまつわるさまざまなものが残されている国はないかもしれません。

何よりも、その歴史の流れを知ることができる実物の建物やインテリアが、この二一世紀において多数現存し、さらにそれが特別な博物館などではなく、普段の暮らしのなかに、いわば当然のように混在しているのです。それらは、歴史的建造物であったり、アンティークと呼ばれる家具や日用雑貨だったり、ガラスケ

およそ400年前の風景がそのまま残っているコッツウォルズ地方。ゆるやかな丘陵地には太古の昔から人々が住み着いていた。

イングランド北部で開催される欧州最大のアンティークフェアのひとこま。コレクターに混じって一般の人も多く集まる。家のインテリアを充実させるために、労を惜しまず納得の一品を探すのがイギリス人だ。

コッツウォルズ地方のライムストーンの住宅。建築資材は英国独自のものを使用することが多い。

暖炉は今も昔も変わらず生活の中心にあり、インテリアとしても大きな要素を占める。古い炉のスペースをそのまま生かした暖炉。真鍮のやかんや五徳がアクセントになっている。

英国の伝統的なインテリアにふさわしいアンティーク家具。その家と同年代の家具を捜し求めるのもイギリス人の楽しみのひとつ。

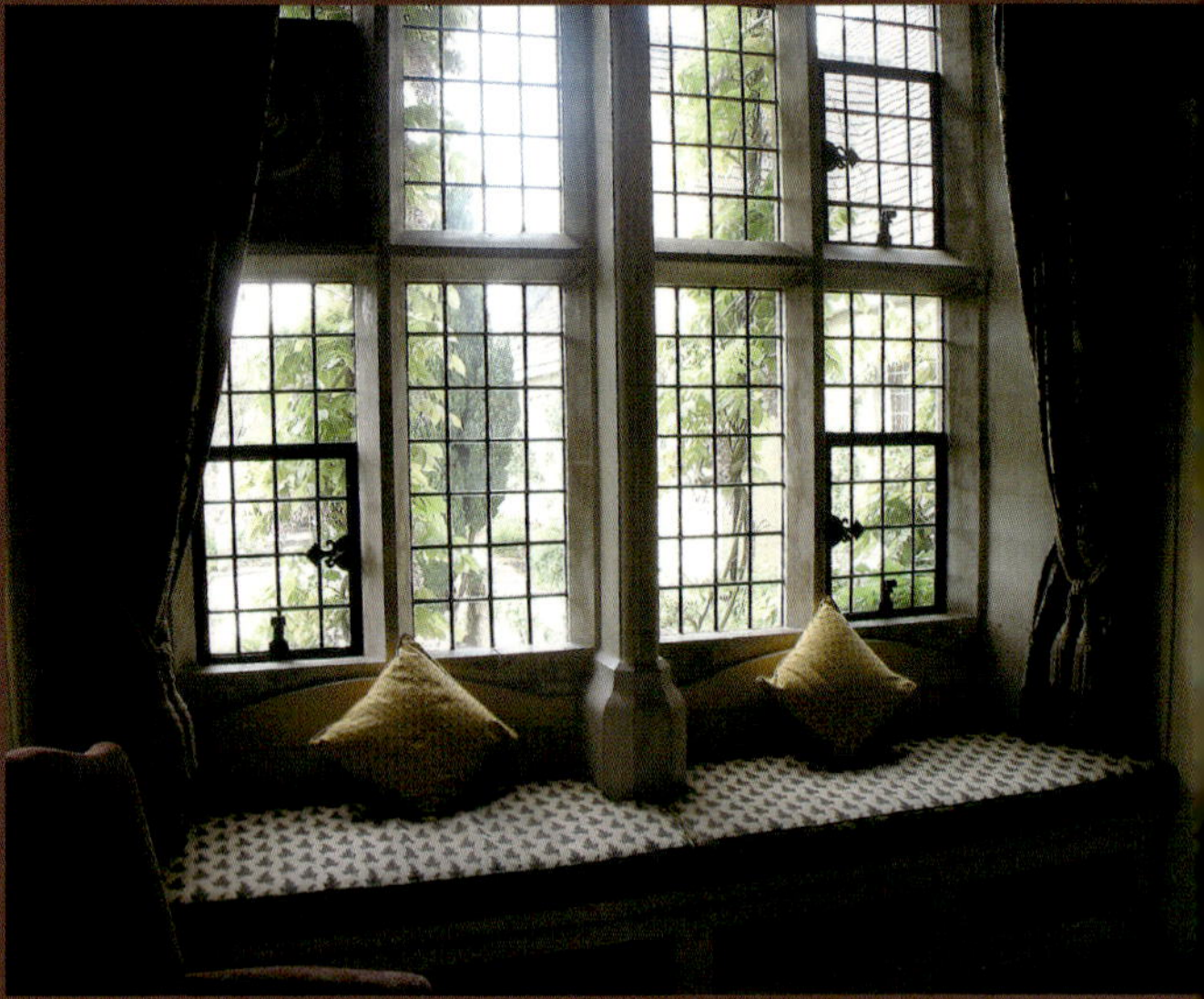

英国の上流階級の家でよくみる、厚い石造りの壁を利用したウィンドウ・シート。シートの下に暖房用のラジエターがはめ込まれており、歴史的建造物の雰囲気を壊さないように配慮されている。

ースのなかだけではなく、違和感なく人々の暮らしに息づいているのです。

ではここでその歴史の流れを大まかに追いながら、その分岐《ぶんき》点《てん》となった時代と本書の中心となるヴィクトリア時代までの背景をみていきたいと思います。

防御からの解放

現在のブリテン島、いわゆる英国と称される島国にケルト系民族が渡来し、住みつきはじめたのは紀元前七世紀頃といわれています。その後二世紀頃にはローマ人の支配とともにキリスト教が伝来。ローマ支配の終焉後《しゅうえんご》五～六世紀にはアングロ・サクソン人が渡来し、いくつかの王国を形成していきます。

つまり太古の時代から、この英国は近隣諸国からの民族色や宗教や文明の強い影響を受け、さらにそれらがまざりあいながら自らの特色を作りだしてきたといえます。その影響は生活を彩るインテリアにも色濃く反映されています。

では、私たちが〈英国のインテリア〉としてイメージし、実際にふれることができるのはいつの時代のものからなのでしょうか？　その多くは一四八五年に始まったテューダー朝のあたりのものからです。それ以前は百年戦争（一三三七～一四五三年）、国中に幾度となく蔓延《まんえん》した黒死病《ペスト》の流行、さらには薔薇戦争《ばらせんそう》（一四五五～八五年）と呼ばれた、ランカスター家とヨーク家との王位争奪を源とする内乱など、不安定な国内情勢のなかで、国も人々も疲弊《ひへい》してゆきました。

このような時代背景のなかで形成された住居は、安らぎや快楽よりも、外敵や疫病から身を護るためのものでした。たとえばイースト・サセックスにあるボデ

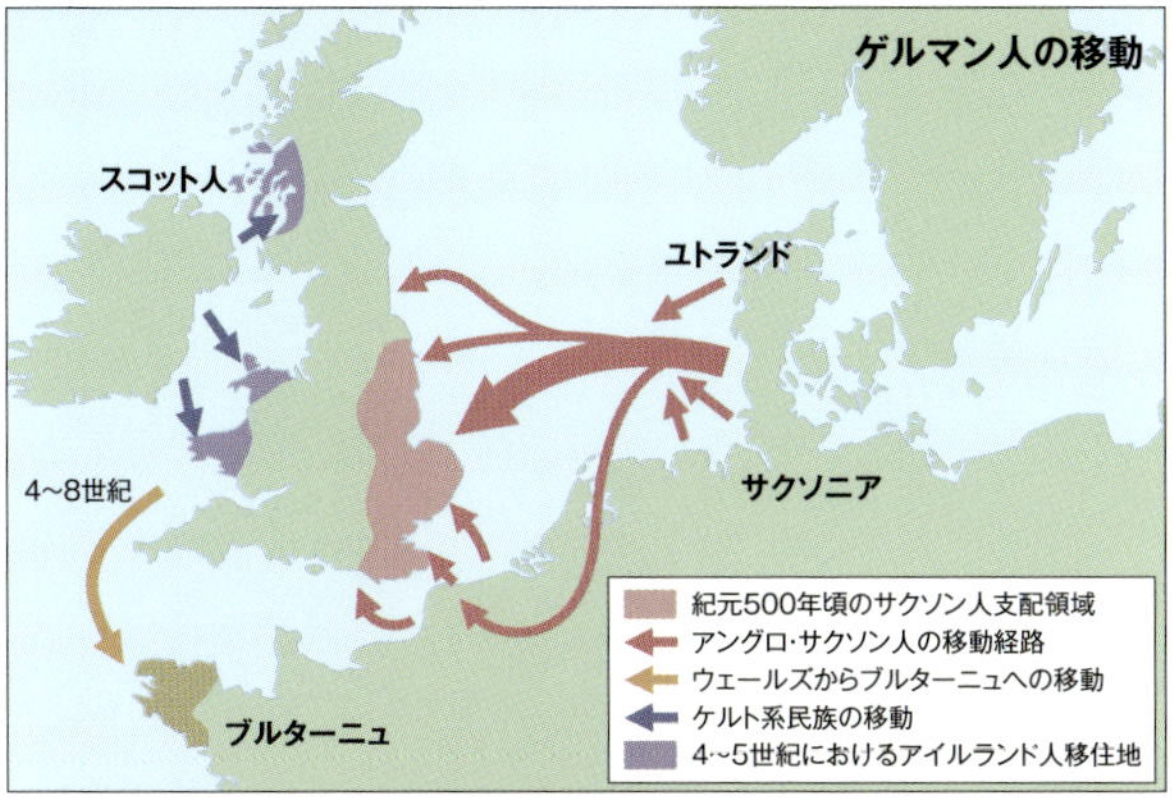

中世以前の英国は他国から渡来してきた民族色の強い生活様式が混在していた。やがてそれらがまざりあい「英国らしさ」へと変化していった。

1618年に製作されたオーク材のカップボード。重そうな1枚板が剛健な蝶番で支えられている。カップボードがインテリアとして家具のひとつに加わった初期の時代のもの。

1600年代に製作されたライティング・キャビネット。細かい寄木細工やはめ込み細工の象眼の技術を用いてデザインされている。家主の階級が上になるほど手の込んだ家具が現れはじめる。

ィアム城（Bodiam Castle）は建物のまわりを堀でかためた一四世紀の環濠《かんごう》式城跡です。また、ウェールズに点在する城の数々もウェールズ攻略《こうりゃく》と支配のために建てられた要塞《ようさい》であり、インテリアを楽しむ暮らしとはほど遠いものです。

つまり英国の中世では暮らしの志向が室内装飾であるインテリアよりも、外的危機から身を護ることのほうにより重きがおかれていたのです。もちろん、そればかりではなく混乱する社会情勢のなかでは経済的な豊かさにもほど遠く、人々は室内装飾に関心を向けるという余裕がなかったことも事実です。

こうした意味でも、今日も現存する「歴史的建造物」、なかでも室内装飾の価値をも含めて国から等級を与えられている住居は、英国の内政が落ち着いた一六世以降のものがほとんどです。ここで「住居」と書きましたが、そのほとんどは王族や貴族などの上流階級の住まいです。つまり城であったり、広大な領地をともなった荘園に建つカントリーハウスやマナーハウスです。

いわゆる中世時代以降の上流階級社会は、その権力と富の象徴を武力という力で表すことができなくなり、その代わりとして彼らの力の象徴が住居となり、室内装飾であるインテリアに注がれてゆくことになりました。

神々からの脱却

またもうひとつ、中世の建造物やインテリアの特徴としてゴシック様式の盛行

百年戦争のただ中の1385年に建てられたボディアム城。表向きはフランスの襲撃からイングランドの南海岸を守るために建造されたというが、実際には海岸線から離れているため、むしろ景観美を優先して現在の地に建てられのではないかといわれている。スケールは大きいがなんとも家好きなイギリス人らしい推測である。

13世紀後半エドワード一世によってウェールズ各地に城壁が築かれた。これらはウェールズ攻略と支配のための要塞であったため、暮らしを楽しむインテリアとはほど遠いものであった。また現在ではそのほとんどの内部が長い歴史のなかで破壊されているため、インテリア史のなかでは影の薄い存在となっている。

1500年代後期の小型のオーク・チェスト。信仰と忍耐を意味するギリシア神話をモチーフにデザインされている。

があります。北ヨーロッパをはじめ英国にも現存する大聖堂や教会に見られる荘《そう》厳《ごん》な建築様式です。この様式は当時のインテリアにも強い影響を及ぼしています。

ロンドンとアントワープ（現在のベルギー）で活躍した画家アドリアン・スタルベント（Adrian Stalbent, 1580〜1662）によって17世紀初期に描かれた作品。ルネサンスの影響からか海外原産の骨董品や動植物が数多く描かれている。

たとえば椅子、当時から王の印としての椅子が存在し、僧侶などもその高位の象徴として専用の椅子がありました。その特徴は神から与えられた特権として、威厳の感じられるデザインで、椅子本来の機能である安楽さとはかけ離れたものです。またそのほかの家具なども、質実剛《しつじつごう》健《けん》で宗教感の強い重苦しいデザインのものが主流でした。

しかし、国内の紛争が収まり社会全体が落ち着きはじめると、人々の欲求は外敵からの防御や神を敬う重々しい暮らしからの脱却へと向かいました。より楽しく、より美しい生活を求め、その欲求は英国におけるルネサンスの流行へと受け継がれたのです。

イングリッシュ・ルネサンスの開花

ルネサンス（Renaissance）とは一三世紀後期から一五世紀末にかけてイタリアで興り、しだいに全ヨーロッパに波及した芸術および思想上の革新運動です。その主眼は現世の肯定、個性の重視、感性の解放とともに、ギリシア・ローマの古典の復興でした。そしてそれらは単に文

同じく17世紀初期のオーク材のアームチェア。質実剛健で重々しいデザインから徐々に繊細なデザインが見られるようになってきた。背板部分やアーム部分の象眼細工にはこの時代の最先端のデザインが感じられる。

学・美術にかぎらず、広範囲の文化改革につながってゆきました。それまでの、神中心の中世文化から人間中心の近代文化への転換点となったのです。

このルネサンスの影響は、建築やインテリアにも強く反映されました。中世では見られなかった「全体装飾」への移行です。このルネサンス運動が英国へ波及したのは、イタリア・ルネサンス最盛期に遅れることおよそ一〇〇年、一五世紀後半からです。またその流行はエリザベス一世の時代が最も顕著で、その動きは一七世紀初頭まで続きました。

なかでもインテリアに大きな影響を及ぼすことになる建築の世界では、ヘンリー八世の時代、とりわけハンプトン・コート宮殿にその隆盛を見ることができます。質実剛健なインテリアから華麗《かれい》で贅《ぜい》のかぎりを尽くしたインテリアへと移り変わってゆきました。

英国におけるルネサンスの流行は、ピューリタン革命（一六四一～一六四九年）によって幕が閉じられたといわれていますが、インテリアの歴史の流れを見ると、その後もその影響は脈々と受け継がれていったように思えます。

たとえば、一八世紀に英国で最も活躍

1703年頃のハンプトン・コート宮殿の鳥瞰図。ウィリアム三世の命による改築工事が終了した直後のもの。宮殿初期のヘンリー八世の時代の住居部分は右手奥の一部だけであった。

ハンプトン・コート宮殿最大の部屋グレートホール。1532年にヘンリー八世の命により改築された。天井部分の装飾、両壁のタペストリー、ヘンリー八世の6人の妻の名と家系が記された正面ステンドグラスなど、凝りに凝ったインテリアは現在でも多くの観光客を楽しませている。

ロバート・アダムのデザインしたインテリアや家具を楽しむことができるロンドン西部にある「オスタレー・パーク（Osterley Park）」。エントランス・ホールの優美さは英国屈指。

同じくロバート・アダムのデザインによる「ケダルストン・ホール（Kedleston Hall）」。新古典主義の影響を受けた代表的なインテリアとして現在でも傑出した存在となっている。さまざまな意見はあるものの、このロバート・アダムの時代が英国インテリア史の最も華やかな時代と解釈しているイギリス人が多い。

した建築家のひとりロバート・アダム（Robert Adam, 1728〜1792）は新古典《しんこてん》主義建築を英国に広めました。この新古典主義建築は一七世紀から一八世紀にかけて欧州を席巻《せっけん》した啓蒙《けいもう》思想や革命精神を背景として、フランスに興った建築様式です。当時流行していたロココ芸術の過剰な装飾や軽薄さに対する反動として、イタリア・ルネサンスの荘厳さや崇高美を備えた建築です。

もちろん、インテリアもその流れを同様に受け、英国におけるカントリーハウスの多くがこの新古典主義の影響を受けました。

アダムの設計によるケダルストン・ホールの北玄関。イタリア・ルネサンスの荘厳さを見事に再現している。

英国インテリア史中期

ではここから現代の英国インテリアに大きな影響を残したと思われるテューダー時代以降のインテリアの流れを丁寧に見てみましょう。あなたのお気に入りの英国インテリアがいつの時代のものなのか、謎がとけるかもしれません。

Tudor and Jacobean Styles

テューダー&ジャコビアン様式

1500~1660年頃

この時代の大きな特色は、それまで「囲炉裏《いろり》」の役目を担っていた平炉《ひろろ》が、部屋の中央から移動し壁に備え付けられたことです。つまり現代にも見られる「暖炉《だんろ》」の誕生です。

この変化は、それまでの家族が日常生活をすごすきわめてプライベートな空間から、ゲストを迎えるオープンな空間へと役目が増えていったためです。家が単に家族が暮らすためのものだけではなく、他人を招きコミュニティを育むという、社会的な一面も担うようになってきたのです。

そのために暖炉、煙突、壁とが一体化し、部屋を最大限に広く使えるように工夫されました。これは画期《かっき》的《てき》な変化であり、この時代以降の家具の発展にもつながっていきました。

暖炉のある大きな客間の誕生によって、家の間取りにも変化が現れました。いわゆるオープンな空間とプライベートな空間に仕切りができたのです。

たとえば、当時の農家の一階は暖炉のある土間兼食堂で、ゲストを迎える部屋でもありました。そして二階に寝室や家族のためのリビングなどが配置されるようになりました。またこのような家では、家具は質素で主に壁に取り付けられた棚などで、装飾的なものに発展するにはまだしばらく時間を要しました。

他方、王族や貴族の住居におけるインテリアの発展が始まりました。この時代の中期、エリザベス一世が統治していた頃のインテリアは富の象徴として、その住居に多くの財を投じるようになりました。とくにゲストをもてなすための部屋〈グレートホール〉を中心に、イタリア・ルネサンスの影響を受けた家具や内部装飾が見られるようになり、この時代が英国におけるインテリア史の大きな分岐点ということが理解できます。

インテリアの特徴としてはオークの壁板、精巧に作られた暖炉と装飾的な漆喰《しっくい》

こちらはシェイクスピアの妻、アン・ハサウェイが子供時代をすごしたアン・ハサウェイ・コテッジの寝室。当時としては裕福な農家で、12もの寝室があった。上流階級の住宅のインテリアと異なり、大変シンプルなものとなっている。

ストラトフォード・アポン・エイヴォンにあるエリザベス一世時代に活躍した劇作家、ウィリアム・シェイクスピアの母の実家、パーマーズ・ファーム（Palmer's Farm）のキッチン。16世紀、とくに1573年当時のインテリアを再現している。炉が壁と一体化され、部屋の中央に開放的な空間ができている。

ロンドンのジェフリー博物館で再現されている1630年代の中流階級の家のホール。当時の「ホール」とは、ダイニング兼、書斎兼、客間といった部屋で、家で最も活用された多目的な部屋でもあった。家具はオーク材、壁の羽目板はレプリカのオークパネルがはめられている。ロンドンの場合、1666年の大火により市のほとんどが消失してしまったため、残っていた当時のスケッチをもとに再現された。

1580年から1600年の間に製作された象眼細工のチェスト。裕福な上流階級でも稀にみる上級の細工が施されている。

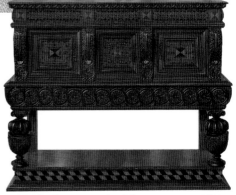

国内の落ち着きとともに、収納機能をもったチェストも移動可能な箱型から脚付きの重厚なものへと変化していった。脚部分の装飾は初期ルネサンス時代以降に流行した球根を模したデザインとなっている。

バデズリー・クリントン1階のグレートホール（大広間）。1580年代に作られたとされるマントルピース（暖炉飾り）には代々この家を守ってきたフェラーズ家の紋章の彫刻が施されている。床、および天井、オークパネルは1500年代当時のままである。ヘンリー・フェラーズはこの家の羽目板とマントルピースを満足のいくものにするために、許されるかぎり金銭を注ぎ込んだという。

エリザベス一世時代とジェームズ一世時代に「歴史通」とあだ名されたヘンリー・フェラーズ（Henry Ferrers “the Antiquary”, 1549～1633）は当時ロンドンで弁護士として活動していた。そのフェラーズが70年間領主であったバデズリー・クリントンはバーミンガムの南東にある。紋章入りのガラス窓はフェラーズの案で取り入れられ、館の随所に見られる。

バデズリー・クリントンのダイニングルーム。フェラーズの息子によってダイニングルームとして設（しつら）えられたといわれている。左は暖炉上の見事な木彫装飾。中央にフェラーズ家の紋章がデザインされている。

オーク材のカップボードは17世紀のもの。下の開き戸部分にはテーブルクロスやナプキンなどの布製品が収納されている。椅子は18世紀の田舎風のもので6脚ひとそろいである。食器類は19世紀にスタッフォードシャーで作られた陶磁器で、17世紀当時もつねに食卓に飾られていたようである。

チェスト下の陶磁器は日本の伊万里焼きを模したデザイン。日本の陶磁器人気はここ英国においても長い歴史を刻んでいる。チェストの脚部分のデザインは球根形をややスマートにした形になっている。

五枚のシンプルなデザインパネルで構成されているチェスト。その隣は比較的シンプルなオーク材の椅子。17世紀初頭のものと思われる。

バデズリー・クリントンの2階の廊下。壁の柱をそのまま利用した珍しい形。並んでいる絵画は19世紀にこのバデズリーの所有者のひとりであったレベッカ・オーペンの手によるもので、当時の所有者とその親戚が描かれている。有名無名にかかわらず、その家のゆかりの者が描いた絵画や、自分が気に入った絵画を飾るのが英国流インテリアの極意のひとつでもある。

の天井板などがあります。当時家具に関してはまだ限定的でしたが、四柱式（フルポスター）寝台やカップボード（食器棚）、椅子などにこの時代特有の木彫り装飾が見られます。また豪華なタペストリーや絵画も散見することができます。この時代のインテリアのモチーフは、テューダー以前の宗教的要素が濃いものでした。その特徴は、タペストリーや絵画によく現れています。

この寝室は領主、および重要な客が使用するための主寝室である。オーク材の羽目板に石造りの暖炉とその上の飾り部分はフェラーズの時代に作られたもの。当時はとても色鮮やかな彩色が施されていたと推測される。折りたたみのテーブルはカロリアン様式のもので3脚の椅子とともに17世紀後期のもの。

ベッドはエリザベス一世時代のオーク材を用いてヴィクトリア時代に作られたもの。デザインは16世紀のステート・ベッドにきわめて近い。ヘッドボードと柱は見事な木彫と象眼細工によって飾られている。

テューダーからヴィクトリア時代までのインテリアがとても良いコンディションで保存公開されているバデズリー・クリントン。かつては湿地帯であったらしく、環濠式マナーハウスである。

Baddesley Clinton
Rising Lane, Baddesley Clinton, Warwickshire B93 0DQ
Tel: +44 (0) 1564 783294

Restoration and Queen Anne Styles

王政復古&クィーン・アン様式

1660~1720年頃

1660年から1680年にかけて建てられたダービシャーのサドバリー・ホール。そのインテリアは抑圧された共和制の時代に反発するがごとく華やいだものとなった。

サドバリー・ホールのグレートホールのゲート。この時代の代表的な装飾技術のひとつに木彫カービング（Wood Carving）があった。当時最も人気の高かった木彫職人は、セント・ポール大聖堂やウィンザー城の彫刻を手がけたオランダ出身のグリンリング・ギボンズ（Grinling Gibbons, 1648〜1721）で、客間の一部も彼の手によるものがある。

漆喰の天井が一般的になったこの時代、カントリーハウスの中で最も立派な部屋の天井装飾は手の込んだ漆喰細工が施された。英国でもその天井装飾の美しさが際立っているサドバリー・ホールのロングギャラリー。

一六四九年に当時の国王チャールズ一世がオリヴァー・クロムウェル率いる議会軍に斬首《ざんしゅ》され、その後一〇年間は英国に国王のいない共和制の時代となりました。クロムウェルによって樹立された共和制政府は、ピューリタニズムにもとづく厳格な統治を行い、さまざまな娯楽が取り締まられ、クリスマスも禁止されるなど重苦しいものでした。したがってこの間はインテリアもそれまでの華やいだものから、質素で機能本位のものが多くなりました。

しかし、一六五八年にクロムウェルが亡くなり、一六六〇年、チャールズ二世によって王政復古《おうせいふっこ》が実現すると、インテリアにも大きな変化が訪れました。まずチャールズ一世の時代に流行したカロリアン様式（後期ジャコビアン様式）が家具のデザインとして復活します。また幼いときから大陸へ亡命していたチャールズ二世は、亡命中にすごしたフランス、オランダの文化を英国へ持ち込み、それらは「新古典様式」の先駆けとしてインテリア史に新たな一頁を加えることになりました。

さらにチャールズ二世の王妃となったポルトガルの王女キャサリン・オブ・ブラガンザは、その持参金としてインドのボンベイ（現・ムンバイ）や北アフリカのタンジールを英国へ譲渡しました。その影響を受けインテリアの世界にも、極東の中国や日本のデザインや装飾品が伝来する

サドバリー・ホールのなかでロングギャラリーと並んで有名なのがグレート・ステアケース（大階段）。エドワード・ピアース（Edward Pierce）による彫刻で、ダッチ（オランダ）様式の影響を強く受けたデザインとなっている。天井の漆喰細工は1675年に、天井絵は1690年代にそれぞれ追加された。いずれも王政復古様式時代の代表的な装飾となっている。

上／1695年の中流階級のパーラーを再現したもの。壁は当時石材の代用のように一般的に知られていた松材のパネルを灰色に塗装したもの。この時代の家、とくにパーラーは接客や商用に用いられ、重要な部屋になっていた。テーブルはロンドン大火直後に作られた折りたたみ式。下／写真手前のライティングテーブルはウォルナット（胡桃）材のもの。（ジェフリー博物館）

ようになり、その後のインテリア史にも影響を与えていくきっかけとなりました。

またこの時代の大きな出来事として、一六六五年の黒死病《ペスト》の大流行、さらにその翌年にはシティの四分の三が灰燼《かいじん》に帰《き》すというロンドン大火が起こりました。

しかしながらこの大火のあと、ロンドンでは木造建築が禁止され、レンガ造りの建物が急増しました。また新たな住宅も増え、結果的に家具の需要が高まり、大量生産の進展とともにデザインの多様化も生み出しました。

その後のウィリアム三世とメアリ二世の共同統治の時代は、ウィリアム三世の祖国でもあるオランダ文化が紹介され、インテリアのみならず建築、絵画などあらゆる装飾文化に、ダッチ様式として開花しました。寄木《よせぎ》細工《ざいく》が家具などの装飾

1665年から1675年にかけて大量生産されたウォルナットの椅子。1666年のロンドン大火の影響によって需要が高まった家具はデザインの多様化にもつながった。また東インド会社などから東洋の籐が輸入され、籐張りの椅子が大流行した。

上／サドバリー・ホールのロングギャラリー窓際の小パーラー（休憩所）。天井の漆喰細工を生かすように壁はシンプルなパネル。椅子や窓辺のカーテンも白で統一している。サッシ窓も前時代よりは大きく、部屋も採光によってより明るいものとなっている。下／暖炉の上の陶器は当時オランダで流行したデルフト陶器のコレクションと思われる。日本や中国磁器独特のデザインの影響を受けたものが人気だった。

Sudbury Hall
Sudbury, Ashbourne, Derbyshire DE6 5HT
Tel: +44 (0) 1283 585305

1680年製のドロワー（引き出し）式のチェスト。ドロワー式チェストが普及しはじめたのもこの頃。ドロップハンドの引き手や天板の象眼細工も精巧になってきた。

17世紀中期に人気を誇ったウォルナット製のロングケース時計。背の高いものは２m以上あった。この時代になると象眼細工がますます細かいものになってきた。

1670年代に作られた天蓋付きベッド。必要に応じてカーテンをめぐらせていた。とても贅沢な作りで、ベッドを覆う生地にはオーストリッチ（ダチョウ）の羽毛、深紅の最高級ベルベットや絹などが用いられている。

1710年製作のウォルナット・セッティ。セッティとは２人が座る背もたれと肘掛がある椅子のこと。中国伝来を思わせる東洋的なデザイン。

1680年製作の深紅のベルベット生地を張った椅子。このように詰め物をして布を張った椅子をアプフォレスタリー・チェアといい、この頃から家具として本格的に普及しはじめた。

アン女王の時代に流行ったトール・ボーイ。タンスの上に別のタンスを載せた縦長の家具で、キャビネットの進化型として普及した。東洋的なモチーフをラッカーで仕上げている。引き出しの引き手はベイル・ハンドルという。

として隆盛をきわめたのもこの時期です。

また一七〇二年からわずか一二年間の統治で幕を下ろしたアン女王の時代には〈クィーン・アン・スタイル〉と呼ばれる新しい趣《おもむき》の家具が誕生しました。それらの特徴はそれ以前の家具より小型化・軽量化され、使い心地も快適な方向へと進化したものでした。これは王政の安定とともに、上流階級以外の階層も豊かになりはじめ、文化的生活を享受《きょうじゅ》できるようになったことの表れでもありました。

その後一七一四年、王位継承者のいないアン女王の死去にともない、スチュワート朝は絶えました。英国は新たな王としてハノーヴァ朝のジョージ一世を迎え、統治体制も大きく変化することになりますが、インテリアにおける〈クィーン・アン・スタイル〉の流行はその後もしばらく続きました。

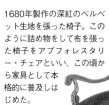

Early Georgian Styles

アーリー・ジョージアン様式

1720~1760年頃

王政復古からアーリー・ジョージアン様式までの約100年間は、家具に使用される木材がウォルナットからマホガニーへと移行していった。写真はウースターシャーにあるハンブリー・ホールの階段のバラスター（Baluster／手すり子）。前時代の装飾的な作りと比べると、すっきりとしたシンプルなデザインが主流となってくる。

上／17世紀後半に英国に伝来した茶は、上流階級を中心に急速に広がった。この時代になると、社交上欠かせない存在となる。左／ドローイングルームも喫茶を中心に家具の配置などが考慮されている。

一六六〇年の王政復古以来、王位についたチャールズ二世、その弟ジェイムズ二世はともに幼少期にフランスへ亡命後、オランダで育ち、さらにジェイムズ二世の娘でオランダ総督であったウィリアム三世と共同統治者としてイングランド王位についたメアリ二世もオランダ育ちだったために、いずれも英語が堪能《たんのう》ではなく、英国の統治よりも大陸の情勢への関心が強かったため、国内の権力は徐々に王室から議会へと移っていきました。

さらにスチュアート朝のアン女王から、ドイツの選帝侯《せんていこう》であったハノーヴァ朝のジョージ一世への王位継承は、英国議会の権力を決定的なものにしました。

以降、議会政治にかかわる階層や職業に就く者が、徐々に富を得、同時に議会のあるロンドンには、地方に広大な荘園とカントリーハウスを持つジェントリー階級の人たちが大きなタウンハウスを建

1755年頃に製作されたマホガニーのソファ。この時代になると２人掛けのセッティから徐々に現代風のソファへと移行しつつあった。

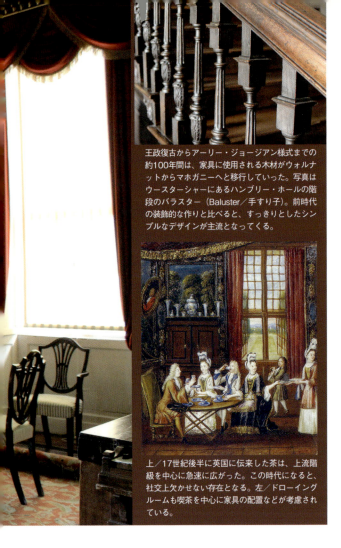

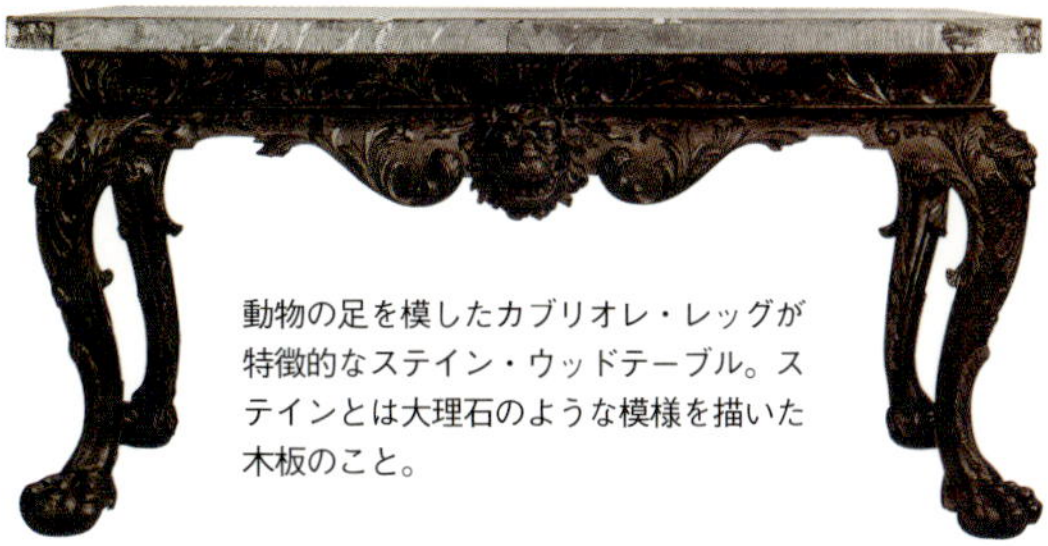

動物の足を模したカブリオレ・レッグが特徴的なステイン・ウッドテーブル。ステインとは大理石のような模様を描いた木板のこと。

リボンのデザインが特徴のマホガニー・チェア。チッペンデール様式の代表的な形で、当時大変流行した。座面には16世紀のジェノバ製のベルベット生地を使用している。隣はマホガニーのファイアー・スクリーン。女性の集まりには欠かせないアイテムだ。

造しました。

　これは議会が開かれる、秋から春までの〈シーズン〉をロンドンですごすためのものでした。そしてこれらのタウンハウスは多くのゲストをもてなし、都会の生活を楽しむためのものでした。いわば「都心にある別宅」です。このタウンハウスの急成長により、インテリアに対してもロンドンを中心に、よりお洒落で洗練されたものを求める消費者が増えてきました。

　さらにこの時期のインテリア史に影響を与えた特筆すべき事柄は、上流階級の子息のあいだで流行《はや》った〈グランド・ツアー〉です。

　グランド・ツアーとは貴族やジェントリー階級の子息が、その教育の総仕上げとして家庭教師などをともない数か月、または数年間の大陸旅行をすることです。これは見聞を広めるという意味のほかに、文化的に発達していたイタリアやフランスなどに身を置き、より紳士らしい教養とマナーを身につける目的も担っていました。

　またこの時代の上流階級の次男以下は、聖職に就くことが代表的な将来の進路となっており、多くの資金が瀟洒《しょうしゃ》な牧師館の建造へと流れていきました。これらグランド・ツアーを敢行《かんこう》した若き青年貴族たちや、牧師館建造ブームにのって、一六世紀のイタリア建築〈パラディアン様

ハンブリー・ホールのナーサリールーム（育児室）。部屋のインテリアはヴィクトリア時代のものを再現しているが、シンプルな鋳物の暖炉はアーリー・ジョージアン時代に比較的多かった。奥に見える椅子は18世紀後期に活躍したデザイナー、ジョージ・ヘッペルホワイト（George Hepplewhite, ?〜1786）のデザインと思われる。

上／ハンブリー・ホールのスモーキングルーム。1730年代の部屋を再現している。スモーキングルームとはその名のとおり喫煙室であるが、実際には男性領主の重要な仕事の執務室であった。左／この部屋にある鏡がはめ込まれたライティング・キャビネットはトップの形状がボールドフーディット・ペディメントと呼ばれる弧を組み合わせたデザインで、この形は18世紀初頭から流行しはじめた。

1745年頃に製作されたマホガニー・ライティング・キャビネット。同時期チッペンデールのデザインしたキャビネットが100点以上紹介されているカタログも刊行された。

同じくハンブリー・ホールのブルーベッドルーム。支柱が２本のみの天蓋ベッドは通称エンジェル・ベッド（天使の寝台）とも呼ばれていた。この時代あたりから上流階級の邸宅では四柱式の天蓋ベッドに絢爛豪華なデザインを施すことが多くなってきた。

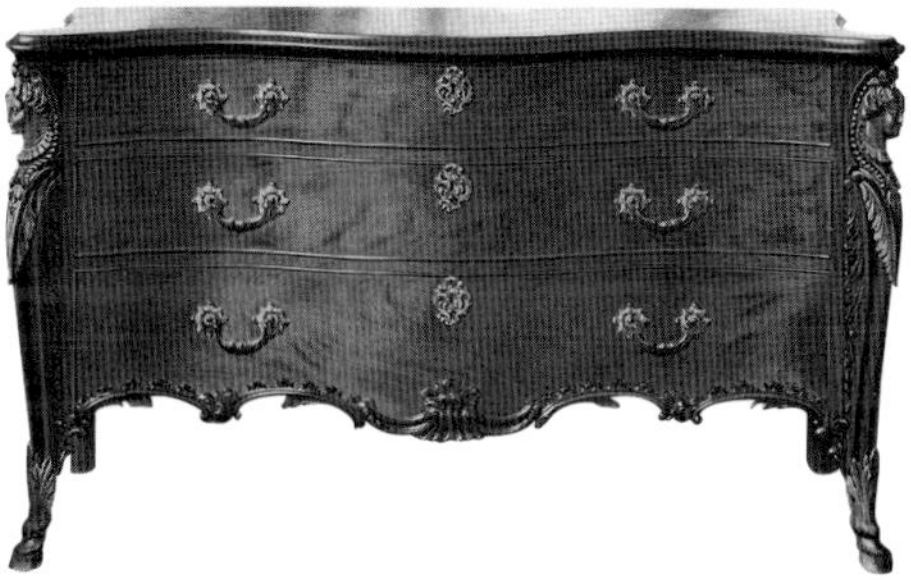

1755年製のマホガニー・コモド。コモドとは引き出し付きの背の低い整理ダンスと室内便器をさすが、これは主にベッドサイドなどで用いられた。フランスからの流れを受けたデザインであるが、馬蹄の形をした脚、フーフ・フットと取っ手金具のループ式ハンドルはジョージアン様式。

1730年代製作のマホガニー製ライティング・チェア。脚はボール＆クロー・フットと呼ばれる権力の象徴としての玉を釣り爪でつかむデザインで、大流行した。

1745年のパーラーを再現したもの。椅子はインディアバック・チェアと呼ばれるウォルナット製。この時期に大量生産された。（ジェフリー博物館）

Hanbury Hall
School Rd, Droitwich Spa,
Droitwich, Worcestershire
WR9 7EA
Tel: +44 (0) 1527 821214

奴隷を模した花器。キャビネットを挟んで対になっているうちの1体。

ダイニングルームで使用されているハンブリー・ホール特製の陶磁器セット。1830年代に作られたもので、ゲストをもてなすためのアイテムのひとつ。

ハンブリー・ホールのダイニングルーム。かつてはロビーと控えの間だった二つの部屋をひとつにしたもの。暖炉のまわりのロココ風の木彫は1760年代のもの。壁には家族の肖像画が並んでいる。肖像画は英国上流階級の家の、おきまりのインテリアでもある。

ハンブリー・ホールのメインホール。ハンブリー・ホールのインテリアの中でもとくに目を見張るのが玄関ホールの天井絵および大階段へと続く壁画および天井絵である。これらの壁画は18世紀初期に活躍したジェームズ・ソーンヒル（Sir James Thornhill, 1675/6～1734）のデザインで、彼はロンドンのセント・ポール大聖堂のドーム壁画やグリニッジ・ホールの天井画なども手がけた。玄関ホールの天井画はソーンヒルの弟子によるものといわれている。

式〉が英国でも本格的に花開くことになりました。

パラディアン様式とは、ベネチアの建築家アンドレア・パラディオ（Andrea Palladio, 1508～1580）のデザインした古代ローマ様式をとり入れたもので、それは建築様式だけにとどまらず、家具や室内装飾に至るまで多大な影響を与え、そのブームはヴィクトリア時代まで続くことになりました。

パラディアン様式は、とても重厚な男性的なデザインですが、他方一七四〇年代から五〇年代にかけては、繊細なロココ調のデザインを用いた邸宅が散見されるようになります。また、中国のデザインを上手に英国の家具に取り入れた家具職人トーマス・チッペンデール（Thomas Chippendale, 1718～1779）が活躍しました。いまでいう〈デザイナーズ・ブランド〉の先駆け的存在の誕生です。

1730年代に製作されたマホガニー・ギルト・チェア。ギルトとは金箔や金粉を装飾に用いる技法。右の小テーブルも天板以外はギルト技法で塗装されている。

1730年代に製作されたマホガニー・チャイナ・キャビネット。この時期に流行った中国趣味の影響を受けたデザインとなっている。

上／巨大なドーム型のサルーン。25頁（ケダルストン・ホール）のマーブルホールの隣の部屋で、いずれもロバート・アダムの設計によるもの。彼が得意とするネオ・クラシカルなインテリアデザインの荘厳さに圧倒される。壁の高い位置に飾られている絵画は英国の中世の歴史を描いたもの。下／この時代にしばしばインテリアとして用いられたローマ風の支柱。部屋の重要なアクセントとなっている。壁のキャンドルスタンドも新古典主義とロココ様式を見事に調和させたデザインだ。

Mid Georgian Styles

ミッド・ジョージアン様式

1760~1800年頃

一八世紀後半になると、ロンドンやその他の地方都市の人口が爆発的に増加しました。これは一七世紀後半から起きた農業改良による食糧の量産化成功にともない、飢餓《きが》などの社会不安が解消され、世界各地の植民地を基盤に、世界的規模で産業が発達したためです。いわゆる産《さん》業《ぎょう》革命《かくめい》の幕開けです。

この産業革命を境に英国の社会構造は一変します。それまで存在しなかった新しい富裕層の誕生によって各地で住宅建築ブームが起こり、英国の建築史やインテリア史に、最大級の軌跡を残すことになりました。

まず住宅建築の分野では、新たな工業都市を中心に賃貸用のテラスドハウスが数多く建てられました。これは都市で働く上級労働者向けのもので、現在のロンドンのリージェント・ストリートなどに代表される美しいテラスドハウスが道路

ケダルストン・ホールのキッチン・コリドー（台所につながる廊下）に設置されている暖炉。大理石彫刻を模した珍しいデザイン。

Kedleston Hall
near Quarndon, Derby, DE22 5JH
Tel: +44 (0) 1332 842191

1775年製、ケダルストン・ホールのマーブルホールの暖炉。古代ギリシア、ローマからのエッセンスがたっぷりと含まれ、アダム様式と呼ばれるにふさわしい優美なデザイン。

ステインウッドのパネルがはめ込まれたドア。パネルの装飾はロバート・アダムのデザイン。

マーブルホールの片隅に置いてあったキャンドルスタンド。邪魔にならないすっきりとしたデザインで、さらに持ち歩くことができるつくりは、当時重宝がられたと思われる。

時代の流れとともにますますほっそりと洗練されていった階段手すり。その繊細さと優美さはさすがアダムのデザイン。

ダービシャーにあるケダルストン・ホールは18世紀後期に建築家およびインテリアデザイナーとして最も活躍したロバート・アダムの代表作でもある。そのなかでただ唯一、アダムではなく、ジェームズ・パイン（James Paine, 1717～1789）によって設計された部屋が、このドローイングルーム。長椅子はケダルストン・ホールのために1765年にロンドンで製作されたもので、壁と同様の絹と羊毛を織り交ぜたダマスク織りが張られている。両サイドの彫刻は人魚でジョージ三世の戴冠式用の大型馬車の装飾からアイデアを得たといわれている。中央のクリスタル・シャンデリアは1770年に取り付けられ、盛大な行事のみに使用された。

に沿って長く連なる街並みの多くは、この時代に作られたものです。

　また産業革命の恩恵をうけてさらに裕福となった貴族やジェントリー階級の間では、前時代から続いたパラディアン様式をさらに洗練させ、かつスタイリッシュにしたアダム様式が大流行しました。アダム様式とはロバート・アダムを中心としたアダム三兄弟によって人気を博した建築様式、および室内装飾、家具デザインです。

　スコットランドの高名な建築家ウィリアム・アダムの次男として生まれたロバートは一七五四年、弟ジェームズをともなってグランド・ツアーに出かけました。ブリュッセル、ローマ、フランスとめぐり、古典的な建築や遺跡の研究などに打ち込み、四年後に英国へ戻ってきました。その後ロンドンで兄弟とともに建築事務所を設立。彼らへの依頼は建築のみにとどまらず、住居全体にわたるものでした。

　そのデザインの特徴は、ライムグリーンや淡いイエローなど、これまでにない明るいパステル調の色を多く用い、重々しいパラディアン様式にはない軽やかさと華やかさを加味したものでした。これはアダム兄弟が当時大陸で主流となりつつあった新古典主義建築と、それまでのロココ様式に見られた装飾性を彼らなりに見事に英国向きにアレンジした結果でした。その洗練された美しさは、当時の上流階級に大いに受け入れられ、時代の寵児《ちょうじ》となりました。

　またこの時代、上流階級の間ではお茶でゲストをもてなすアフタヌーンティーが流行しました。同時に広大なタウンハウスやカントリーハウスでは〈ミュージックルーム〉と称した家庭内ミニ演奏会用の部屋も流行しはじめます。産業革命の勢いにのって、人々の暮らしがますます文化的に進展を遂げた時代でもあり、英国インテリア史においても飛躍的な変化が起こった時代といえるでしょう。

優美さと繊細さを合わせたようなドアノブのデザイン。

ロバート・アダムによるサテンウッドのカードテーブル。カードとはトランプなどをさし、上流階級の社交の場では欠かせない娯楽のひとつであった。

ジョージ・ヘッペルホワイトによる1770年代製作のサテンウッドのコモド。ヘッペルホワイトはチッペンデールやアダムと仕事をし、経験を積んでいった家具デザイナー。

ケダルストン・ホールのダイニングルーム。椅子はチッペンデールのデザイン。まるで美術館のように絵画を並べ、ゲストをもてなした。

ダイニングルームの天井装飾。若き日のロバート・アダムの創造力が現れているような細かなデザインである。

かつてウォーキング・クローゼットの役割をはたしていた小部屋「ワードローブ」にある中国式デザインのキャビネット。

ロバート・アダムのデザインによる1770年製のサテンウッド・ギルト・テーブル。

上／象眼サテンウッドのティーキャディー。下／円形のナイフケース。どちらも部屋を飾る調度品として人気があった。

1765年にロバート・アダムがデザインしたミュージックルーム。他の部屋と比べると落ち着いた雰囲気が感じられる。

右／ペイント装飾を施したサテンウッドチェア。左／ペイント装飾によるものだが、東洋的なデザインとなっている。いずれも1800年以前のデザイン。

アダム様式のサテンウッドチェア。左のアームチェアは1785年製のため、ロバート・アダム作といわれている。軽快でスタイリシュなデザインだ。

1790年代のパーラーを再現した部屋。この時代になると壁は、壁紙やステンシルなどが一般的になっていく。（ジェフリー博物館）

ロンドンにあったタウンハウスのドローイングルームを再現したもの。1830年代の部屋の様子で、のちのヴィクトリア時代に比べると家具の数も多くなく、比較的シンプルだ。ソファはこの時代を代表するデザインで、快適な布張りのものが主流となってきた。

階段最後の手すり部分が渦を巻くようなデザインは、この時代の流行。ロンドン、オスタレー・パークにて。

Regency Styles

リージェンシー様式

1800~1840年頃

リージェンシー様式とは、病により意《い》思《し》疎《そ》通《つう》ができなくなったジョージ三世に代わり息子のジョージ四世が摂政《せっしょう》（摂政=Regency）を務めた一八一一年から一八二〇年の間を中心に、その前後も含めた様式のことを表します。

建築史のなかでは新古典主義のジョージアン様式に、さらに優雅さと軽やかさが加味され、その景観は気品あふれるものでした。

その代表例はロンドンのリージェント・パークやリージェント・ストリートに見られるテラスドハウス。また鉱泉保養地として栄えた英国南西部グロスターシャーの街チェルトナムや、南東部の海岸保養地ブライトンなどです。

当時の社会的背景を見ると、大陸での戦争の終結により、多くの兵士が英国へ復員し、ロンドンをはじめとする大都市で失業者となり、荒廃した空気が漂いはじめました。

そうした工業都市とは裏腹に、産業革命によって誕生した産業ブルジョワジーの増加によって、地方に美しい保養地が出現しました。バースやチェルトナムに代表される保養地では、建築やインテリアにはまさにリージェンシー様式が反映される形となりました。

またこの時代の少し前、隣国で起きたフランス革命の影響で上流階級子息によるグランド・ツアーが突如できなくなりました。その結果として、それまで建築やインテリアに大きな影響を与えていた大陸の歴史的デザインからやや脱して、愛国的な想いからテューダー様式のリバイバル、さらに完成しつつあった「大英帝国」の植民地であるインドやアフリカ

の影響を受けたデザインが数多く用いられたのもこの時代の特徴です。

　極東の中国や日本のデザイン様式が、以前よりも多用されるようになり、後半にはナポレオンの活躍の影響から、彼がフランスに持ち込んだ古代エジプトの様式も、上流階級を中心に流行りました。

小ぶりのマホガニーのテーブルは1815年製のゲームテーブル。上部はローズウッドの合板でスライド式になっている。チェスやバックギャモンを行う際に使用。また縫製バッグもついており、針仕事テーブルとしても利用できた。（いずれもジェフリー博物館）

壁にかかった鏡は漆喰細工をギルト技法で金色に塗装したもの。これもこの時代に部屋のオーナメントとして流行した。

Column 4

窓に税金!?

1530年に建てられた歴史的建造物コートン・コートの塔のガラス窓。少しだけ色味がかったガラスは約500年前のオリジナル。

1851年5月1日に開幕した世界初の万国博覧会。会場となったのはロンドンのハイド・パークに建てられたクリスタル・パレス。

悪名高き〈窓税〉

英国では一六九六年のウィリアム三世統治の時代から一八五一年までの一五六年間にわたって〈窓税〈Window Tax〉〉なるものがありました。これは名誉革命以降、ウィリアムが国際政治へ積極的に働きかけた結果、莫大な軍事費用が必要になったこと、また同時にアイルランドや大陸各地でのインフレによる金融危機がもたらされ、それらの負債を支払う支援対策として生まれた税金のひとつでした。

当時高額だった窓税は一七〇〇年に若干改正されたものの、その後一五一年間も「高い税金」であることには変わりありませんでした。肝心の税額ですが、一七九二年の記録では窓数七〜九の場合は二シリング。窓数一〇〜一九の場合は四シリング。二〇以上の窓の家には八シリングといった具合でした。

現在の貨幣価値に換算するのは非常に難しいところですが、およそ二五〇〇円から一万円ほどの税金が窓だけにかかったということになります。そのためレンガなどで窓をふさぐ家も多数出てきました。現在でもその形跡のある建物を見ることができます。

このように窓をつぶしてしまえば窓税から免れることができた。合板ではなくコンクリートで窓をつぶした建物もたまに目にする。

ハンブリー・ホールのオーランジェリー（温室）。1745年に建てられた。

コートン・コートのブルー・ドローイングルームの出窓。家紋をデザインしたステンドグラスは上流階級の定番。

壁紙税？　レンガ税？

実は英国にはこの窓税のほかにも別名チムニー税という暖炉税（Hearth Tax, 1662～1689）や、壁紙税（Wallpaper Tax, 1712～1836）、ガラス税（Glass Tax, 1746～1845）、レンガ税（Brick Tax, 1784～1850）などがあり、インテリアの歴史に多少なりとも影響を及ぼしていたことがわかります。

Column 5

レンガでわかる英国の家

地方によって異なる家並み

英国の家の多くはレンガ造りですが、同じ赤レンガでも地域によって微妙に色や積み方に違いがあります。またレンガだけではなく建物の壁に使われている石材が、地方によってそれぞれ異なることがわかります。

英国をドライブ旅行で楽しむという方も多いと思いますが、カントリーサイドを走っていると小さな村や町の住宅街に入るたびに、その家並みの違いに気がつかれると思います。

たとえば、「ピーターラビット」でおなじみの湖水地方は、赤レンガの家は少なく灰色のスレート石を積み上げた家や、スレートの壁を漆喰で塗った白壁の家が多いことが特徴です。

また、近年人気のコッツウォルズ地方は、南部と北部では蜂蜜《はちみつ》色のライムストーンを目にすることが多いのですが、中西部の町ペインズウィックでは灰白色の石造りが目立ちます。これは地元のペインズウィック・ビーコンの採石場から切り出された石を使用しているためです。

建築資材は地元のものを

英国では鉄道が本格的に発達した一九世紀中頃まで、主な運搬手段は運河による水上輸送でした。そのため重量のある石材を一度に大量に運ぶことは困難でした。そこで建築資材はできるかぎりその地元で生産されたものを利用せざるをえませんでした。

前述のとおり、インテリアにおける地方色というのはあまり豊かではないのですが、家の外観における地方色はとても多彩です。

英国のカントリーサイドを旅される際には、ぜひ各地の家並み探訪をお楽しみください。

ロンドン南東部にあるウィリアム・モリスの邸宅レッド・ハウスは自然素材を重視した赤レンガ造り。家の形状はモリスらしい個性的なものだが、赤レンガを用いるのは英国の最も一般的なスタイルでもある。

コッツウォルズ北部にあるスノースヒル村のコテッジ。ライムストーン（石灰岩）の蜂蜜色がこのあたりから濃くなっていく。

絵本「ピーターラビット」の物語の舞台としても有名な湖水地方のファームコテッジ（農場内の家屋）。地元で採掘したスレート石を使っている。

カントリーサイドの中には中世の家並みの面影を残す町もある。家並みだけで歴史を感じることができるのも英国ならではの醍醐味だ。

コッツウォルズ中部のペインズウィックの家並み。この地方には珍しい灰白色の石造りである。

レンガか石造りが基本の英国の家。塗装でわからない場合もあるが、たいていこのようになっている。

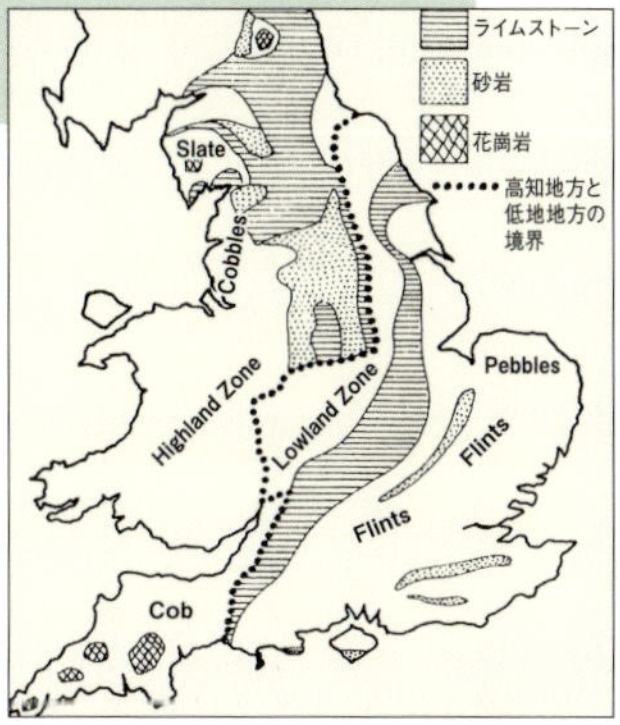

この地図は地域ごとに採れる建築資材（主に石）を表している。地域ごとに異なる家並みはこうした地盤の違いから生じている。

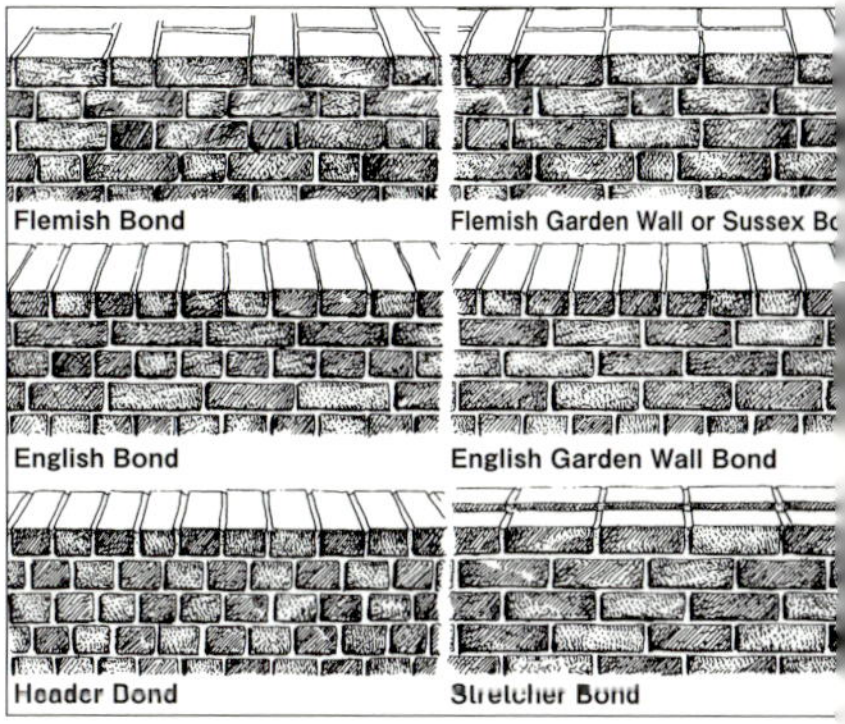

同じ赤レンガでも、実は地域や用途によって積み上げ方が異なる場合がある。

第3章 ヴィクトリアン・ハウスの魅力

1838年6月28日に行われたヴィクトリア女王の戴冠式を描いたもの。63年7か月の統治の間に、政治・経済のみならず文化・技術面で優れた成果を上げげた。英国インテリア史においても、現在の生活様式に最も影響を与えた時代といっても過言ではない。

バラエティに富む〈ヴィクトリア様式〉

前章ではヴィクトリア時代に至るまでのインテリアの変遷を簡単に紹介しましたが、ここでは現代の英国の町並み、景観、そして人々の暮らしに大きな影響を与えたヴィクトリア時代に焦点をあててみたいと思います。

ヴィクトリア朝は一八三七年から一九〇一年まで英国ハノーヴァ朝の第六代女王ヴィクトリア（一八一九〜一九〇一年）の統治していた時代です。一八世紀に始まった産業革命によって英国は世界の工場と謳《うた》われ、人々の暮らしも急激なスピードで豊かになりました。

それまで農業などに従事していた地方の人々が、ロンドンやバーミンガム、マンチェスターといった工業都市に労働者として大量に移り住んだ結果、都市部の人口が爆発的に増え、住宅需要もそれにともない急上昇しました。この時代に何百万軒も建てられた住宅によって、現在の英国の町や都市の家並みの景観は作り上げられたといっても過言ではないでしょう。

また、この六三年間にもわたる長い統治の期間を表す〈ヴィクトリア様式〉は、その間に流行ったさまざまな建築様式の影響を受けたインテリアの様式をさします。まず、それらを整理してみますと、

- ●ジャコビアン（一八三〇〜一八七〇年）
- ●ルネサンス・リバイバル様式（一八四〇〜一八九〇年）
- ●ゴッシック・リバイバル様式（一八四五〜一八六五年）
- ●ロマネスク・リバイバル様式
- ●第二次帝国様式（一八五五〜一八八〇年）

ヴィクリア時代の建築家、ウィリアム・ウィルキンソン（William Wilkinson, 1819〜1901）による牧師館のデザイン画。ゴシック・リバイバルの建築家として活躍し、窓やアーチ、屋根などにその特徴が表れている。

1882年のロンドン東部ハックニーの建築業者たち。完成間近のテラスドハウスの前で。

1898年製の郊外型住宅の断面図。一般的な中流階級の、現代でいえば高級住宅の一例である。

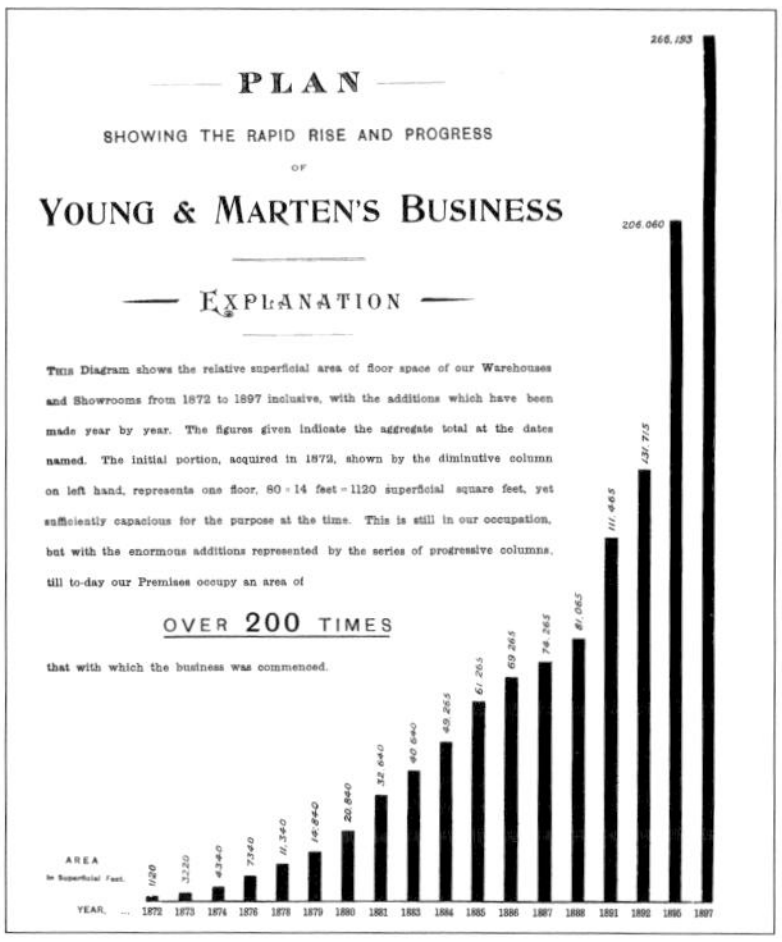

ロンドンの製造小売業社「ヤング＆マーティン」の1872年から1897年までの倉庫の総面積の拡大計画をグラフにしたもの。四半世紀で200倍以上の拡大を計画しており、インテリア市場の活況がわかる。

●クィーン・アン様式（一八七〇〜一九一〇年）
●アーツ&クラフツ運動（一八八〇〜一九一〇年）

といった具合に、実にバラエティに富んでいます。これらはヴィクトリア時代以前の長い歴史のなかで生まれてきた様式が折衷《せっちゅう》されながら、また時には中東や中国、日本などのアジアのエッセンスも加わりながら作り上げられてきたものです。

したがってインテリアについても、建築様式と同様、〈折衷様式《エクレクティック》〉と称されることが多いのがこの時代の特徴です。では、この折衷様式＝ヴィクトリア様式の魅力を、当時の人々の暮らしぶりや社会現象も鑑《かんが》みながら、ひとつひとつ見ていきたいと思います。

ヴィクトリアン・ハウスとは

世界各地を植民地化、または半植民地化してきた英国は、このヴィクトリア時代にまさに世界に君臨《くんりん》する大英帝国《だいえいていこく》と称されるにふさわしい状況にありました。「七つの海を制した」のも、この時代です。

この隆盛が英国のすべての階級の生活水準をグレードアップさせました。

ここでは主にこの時代を代表する中流階級（産業革命によって生まれた産業・工業に従事する新しいブルジョワジー階級）をベースにヴィクトリア時代の住宅をご紹介したいと思います。

まず標準的なヴィクトリアン・ハウスをタイプ別に見ていくと、ここに登場するものは、ほとんどが現在でも普通に使われている住宅であることに気づかされます。「あら、あのお宅がヴィクトリアン・ハウスだったのね」と新たな発見があるかもしれません。

クイーン・アン様式を取り入れているヴィクトリア時代のデタッチド・ハウス。

アーリー・ヴィクトリアン・セミ・デタッチド
Early Victorian Semi-Detached

〈セミ・デタッチド〉とは中央の壁一枚を境に、左右対称に建てられた二戸建て住宅のことです。一九世紀初頭、ロンドンで最初にこのセミ・デタッチド・ハウスを設計したのはジョン・ショー（John Shaw, Sr. 1776~1832）とその息子ジョン・ショー・ジュニアでした。現在でもロンドンの北部チョークファームでショー親子の設計した住宅を見ることができます。

一八四〇年代頃からさかんに建てられるようになったこの二戸建て住宅は、その後一九二〇年代から一九三〇年代にかけての住宅建築ブームのなかで、国のいたるところに建てられました。とくに中流階級の持ち家派には、テラスドハウスよりこのデタッチド・ハウスのほうが人気があり、この種の住宅が建ち並ぶ姿は、英国中の住宅地の典型的な景観となっています。

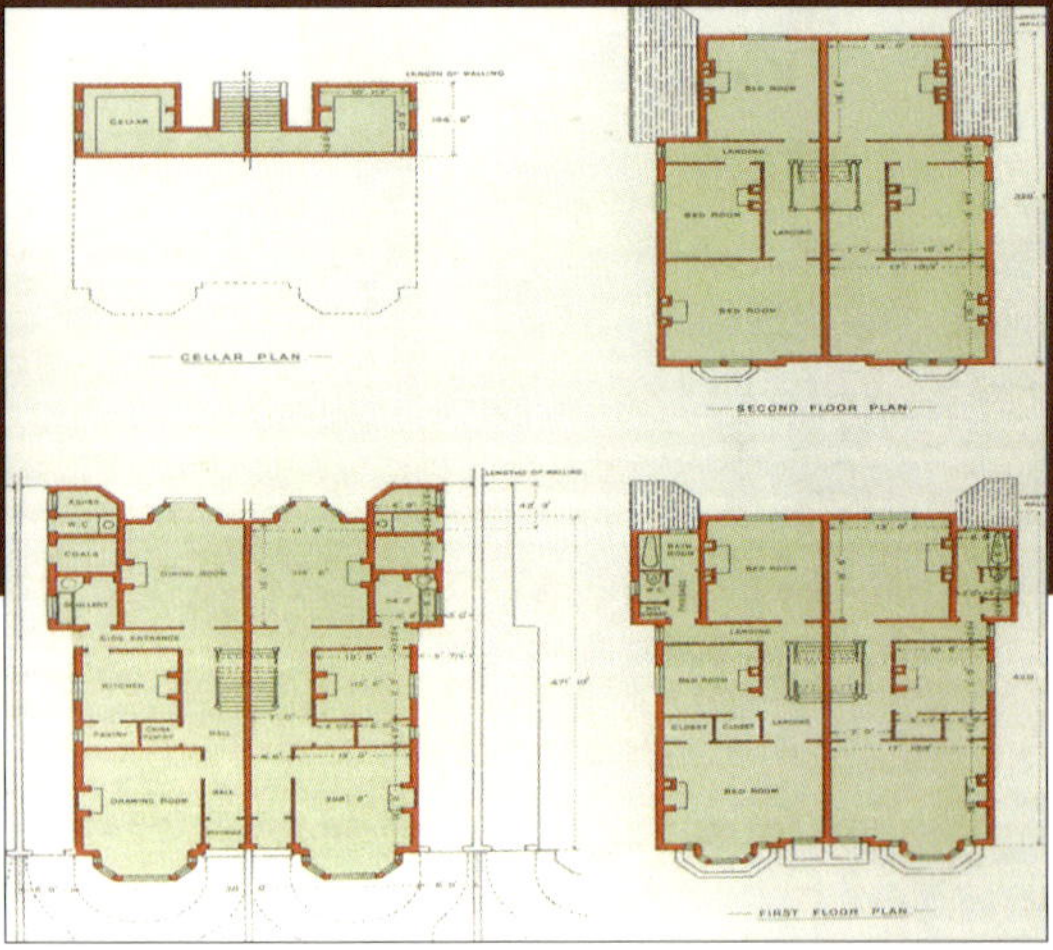

1890年代、バーミンガム市内のセミ・デタッチド・ハウスの設計図。寝室が六つもあり、裕福な中流階級向けのもの。

デタッチド・イタリアネッテ・ヴィラ
Detached Italianate Villa

一八世紀にカントリーハウスを中心に流行ったパラディアン様式と新古典様式が一般住宅へ波及した結果、このイタリア風一戸建て住宅が誕生しました。通常のデタッチド・ハウスよりも瀟洒なデザインで、一八三〇年代から一八四〇年代にかけて、中流階級を中心に人気を博しました。

現在でも、ロンドンのホーランド・パークなどの高級住宅地にはこの様式のヴィラが建ち並んでおり、庶民の憧れの高級住宅のひとつとなっています。

デタッチド・ブリック・ヴィラ
Detached Brick Villa

いわゆる赤レンガで造られた一戸建て住宅です。セミ・デタッチド・ハウスとは対照的に、そのデザインの特徴は非対称で、一般的にはテューダーやゴシック・リバイバル様式の要素を外観に取り入れたものが好まれていたようです。これはヴィクトリア時代後期に流行ったアーツ&クラフツ運動の影響を受けたものだともいわれています。

ここでヴィラと称している住宅は、都市型住宅のなかでは規模も大きく、広い敷地に建てられている高級住宅を示しています。他方〈デタッチド・ハウス〉などハウスと称している住宅は、現代風にいえば、ごく普通の庶民が暮らす小・中規模住宅を示します。

コッツウォルズの西の玄関町チャルトナムに建つ、デタッチド・イタリアネッテ・ヴィラ。ロンドンの弁護士がカントリーサイドの別宅として建てたもの。現在はホテルとして使用されている。

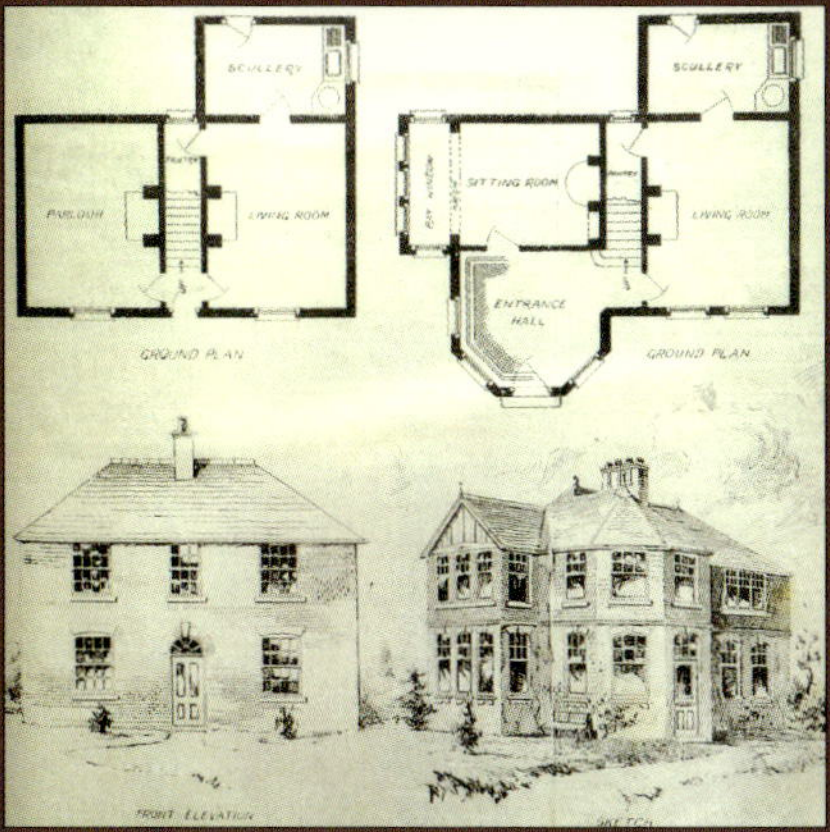

19世紀後期、ジョージアン様式のコテッジをヴィクトリアン・ヴィラに改装する設計プラン。

ウースターシャーに建つデタッチド・ブリック・ヴィラ。円筒形の塔が珍しい小ぶりの住宅。

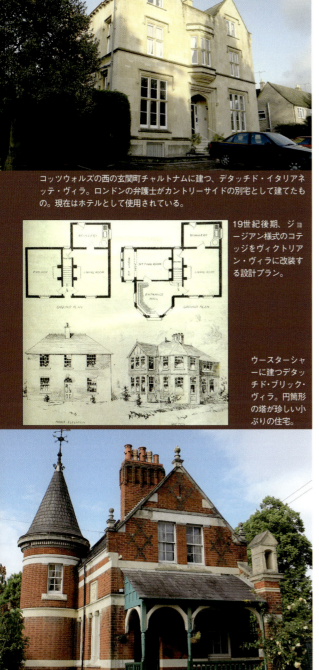

フラット・フロンテッド・テラス
Flat-Fronted Terrace

工業都市やその郊外に見られる労働者階級の典型的な住宅です。日本でいう〈長屋《ながや》〉と同じく、何軒もの世帯が通りに沿って連なっています。通りに面した正面玄関は同様のデザインですが、玄関ドアや壁は個々で塗装することもあり、そのあたりの自由度は地域によってまちまちです。

また家の裏側にはたいてい、家と同面積か、やや広いガーデンがあり、都市全体の緑地化にも役立っています。

マンション・フラット
Mansion Flat

一八七〇年代に流行った高級集合住宅です。英国では主にスコットランドのエジンバラなどに多く見受けられます。イングランドではスコットランドほどこの集合住宅は流行りませんでしたが、ロンドン・ケンジントンなどの高級住宅地などにこの時代のマンション・フラットを見ることができます。

また今日では、集合住宅のほかに、病院やホテルとして使用されている建物も少なくありません。

ミドル・クラス・テラスド・ハウジング
Middle-Class Terraced Housing

一八八〇年代前半、世界最初の都市郊外型庭園都市として開発されたロンドン西部ベッドフォード・パークに建造された中流階級向けのテラスドハウスです。

上／地方都市にあるフラット・フロンテッド・テラス。手前の屋根が続いている３軒がそれである。間取りは２または３ベッドルーム。つまり二つないし三つの寝室にリビング、ダイニング、キッチン、バスといった構成。小規模のものは寝室が一つの物件もある。下／バーミンガム市内にある通称バック・トゥ・バックスと呼ばれている住宅。壁１枚を隔ててお隣同士という意味では同じだが、住空間は狭くなる。

マンション・フラットが並ぶロンドンの高級住宅街。「タウンハウス」と呼ばれることも多い。ロンドン市内は第二次世界大戦時の空襲によって消失した建物も多かったが、戦後はヴィクトリア時代と同様の建物を再建し、当時と変わらぬ景観を保っているところも多い。昔ながらの天井の高い気品あふれる住居空間で、部屋数もベッドルームが五つ以上あるような家も多く、部屋ごとに貸している物件も少なくない。

設計は当時建築・インテリアで有名だったエドワード・ウィリアム・ゴドウィン。赤レンガに白く塗装された木枠の窓、そして切妻屋根が特徴のクィーン・アン様式が多く見られます。

またロンドン以外では、ウェールズの首都カーディフをはじめ、地方の首都にも多く見られる住宅です。

アーツ・アンド・クラフツ・コテッジ
Arts & Crafts Cottage

ヴィクトリア時代後期、ウィリアム・モリスを中心に興った〈アーツ&クラフツ運動〉の影響をうけてデザインされた住宅です。

この運動は、工場での大量生産による質やデザインの劣化と、中世の手工芸を対比させ、職人技と素材本来の美しさを評価するものでした。この様式の特徴をひと言で表すのは、非常に難しいのですが、まず非対称であり、テューダー様式以降のさまざまな様式を取り入れつつ個性的でありながら、英国の風土にマッチした住宅……、という表現が正しいかもしれません。

ロンドン市内にあるミドル・クラス・テラスド・ハウジング。同じく一般的には「タウンハウス」と呼ばれている高級長屋。マンション・フラット同様、部屋数も多く、贅沢な居住空間が保たれている。下の住宅はクイーン・アン様式をリバイバルさせたものである。

アーツ・アンド・クラフツ・コテッジは、さまざまな規模のものがあるが、英国中西部ウエストミッドランドにあるウィティック・マナー（Wightwick Manor）は規模も大きく、ヴィクトリア時代の代表的なアーツ＆クラフツ運動を体現した代表例でもある。

Column 6

南向き物件はNG

家族の写真を飾ることが大好きなイギリス人。大切な写真に陽が当たるのは色あせの原因になるのでNGだ。

窓辺のウィンドウチェアは外からの採光を利用して読書の場とすることが多かった。ただし目のメラニン色素が極端に少ないブルーアイのイギリス人にとっては、陽の光はまぶしすぎるという問題がある。

日本とは正反対

家は古いほど価値があり、土地そのものには執着《しゅうちゃく》しない、というのが英国での家探しの特徴ですが、もうひとつ、日本で不動産物件を探す際に、必ず条件として要求される「南向き」物件。実はイギリス人はその家がどちらの方角を向いて建っているかなど、あまり気にしないようです。

むしろ、家の南側や西側に客間などがあったら、かなりの確率で嫌な顔をされます。

そう、日本と正反対なのです。なぜかというと、インテリアに気をつかっている家庭ほど、家具や調度品は歴史の香りがするアンティークを好んで用いています。そうした部屋に燦々《さんさん》と陽の光が差したらどうでしょうか？　壁に飾ってある絵画や、アンティークソファの生地が色あせないように、遮光《しゃこう》するしか手がありません。

高級であればあるほど……

そこで、そのような心配のないよう、ゲストを迎えるようなメインの部屋は北向き、もしくは東向きが良いということになるのです。したがって、日本であれば北向きの

日没が午後10時近くなる夏場の英国は、ディナーパーティーの時間でもまだ陽が高い。まぶしい西日が差し込んではせっかくの晩餐も台無しだ。

窓際に欠かせないレースカーテン。ちなみに英国では「ネット（網）カーテン」というのが正解。レースはヴィクトリア時代などにあった絹や綿などの糸を手編みした、とても凝ったものをさす。

「歴史的に貴重なインテリア」が存在していることも英国の家にはよくある。ダメージを与える直射日光には直接当てないよう、十分な注意が必要。

位置にある台所が、日差しが差し込む南向きだったりします。

ジェーン・オースティンの小説『高慢と偏見』のなかにも、主人公エリザベスの家を訪れた高慢ちきな貴族レディ・キャサリンが夕刻に西日が差し込む部屋へ案内され、あきれ返る場面があります。

日本では「北向きの部屋」など、なんの自慢にもなりませんが、ところ変われば何とやらで、英国では高級物件になればなるほど、南向き物件はNGとなるのです。

Column 7

居心地のいい？ 階級社会

七段階に分かれる？

本書でたびたび登場する〈上流階級〉や〈中流階級〉、〈労働者階級〉ですが、階級制度のなくなった日本ではピンとこない点も多いかもしれません。実際に英国で暮らしていても、普段の生活のなかで階級差に気づいたり、気まずい思いをすることはまずありません。

イギリス人から聞いた話ですが、働いて報酬を受けて生活しているのが労働者階級で、働かずして報酬が入る、いわゆる利子のみで生きていける人間が上流階級だとのこと。この理屈でいえば、上流階級は王室と、広大な土地を持っている貴族ぐらいで、その他の首相や医師や弁護士なども、みな等しく労働者階級ということになります。しかし実際はそんなに単純ではなく、五段階、いや最近では七段階に分かれているという説さえ出てきています。

たとえば、一般的にいわれている階級のクラス分けは、

アッパー・クラス（上流階級）
アッパー・ミドル・クラス（上位中流階級）
ミドル・ミドル・クラス（中位中流階級）
ロウアー・ミドル・クラス（下位中流階級）
ワーキング・クラス（労働者階級）

の五段階ですが、およそ一六万人のイギリス人を対象に行い、二〇一三年にその結果が発表されたアンケート調査では、現代における階級分けは以下のようになるとのことです。その内訳は、

エリート
確立された中流階級
技術的中流階級
新興労働者階級
伝統的労働者階級

英国階級社会のトップといえばロイヤル・ファミリー（王族）である。写真はエリザベス女王の従姉妹にあたるアレクサンドラ王女。英国民は階級を問わず、そのトップに君臨する王族が大好きなのも事実。

いまや階級を超えて国民的楽しみとなっているアフタヌーンティー。ただし日本で有名な三段皿のお菓子は、英国でも特別な時だけのご馳走である。

ビジネスの大成功から一代貴族となったビジネスマンのマナーハウス内の客間とコリドー（廊下）。ご両親は炭鉱で働いていた労働者階級。数は少ないが、このようなブリティッシュ・ドリームもたまにはある。おじゃましたのがクリスマス時期だったので、大きなクリスマスツリーが。

新興サービスワーカー

プレカリアート（低所得、文化的活動も希薄な人たち）

実に七段階に分かれ、なかでも労働者階級が細かく四段階にクラス分けされました。

そして、イギリス人たちは自分がどの階級に属しているかという調査結果では二五％が中流階級。伝統的な労働者階級はわずか一四％ということです。

階級は比べるものではない

つまり、最近の英国では日本同様にほとんどの人たちが「自分は中流階級」と思っているようです。たしかに、シティで働いて何億と稼いでいるサラリーマンよりは、大学教授などで年収が低くとも、文化的、社会的には十分上流階級に属している場合もあります。英国における階級格差というのは、単純に資産や収入だけでは計れない、複雑な要素がたくさんあるのです。

また王室や貴族制度が残っているため、「生まれながらの……」という要素も大きく、それだけに何とか階級差を縮めようとか、飛び越えてやろう……という発想があまりないせいもあります。

英国由来のことわざに、〝隣の芝生は青い〟と他人を羨《うらや》む意味のものがありますが、こと階級に関していえば、比べる対象ではないようです。自分自身の生活のクオリティを追求するイギリス人。日常生活で階級など気にしていても仕方がないということだと思います。

ただし、この伝統的な階級社会について、伝統や歴史を重んずるイギリス人たちは、良きにつけ悪しきにつけ、イギリス人のアイデンティティの象徴としてとらえている様子は感じられます。

第4章

デコレーション！ デコレーション！
ヴィクトリアン・ハウスのインテリア

ここでは当時の内装について見てみましょう。住宅の建築様式同様、内装の多くが現在も普通に使われていることが多く、英国らしいインテリアを知るためには十分参考になることでしょう。

Fireplaces
暖炉

暖炉は英国のインテリアのなかで、時代を問わずその部屋の〈フォーカス・ポイント（焦点）〉であるといってもいいでしょう。薪から石炭、コークス、ガスへと燃料が変遷しても、部屋の主役的存在であることに変わりはありません。

部屋の規模や建てられた時代によってデザインもさまざまで、暖炉を飾る素材も木材、大理石、タイル、鋳物《いもの》など、とてもバラエティに富んでいます。

とくにヴィクトリア時代後期の平均的な家庭で人気が高かったのは、アーツ&クラフツ運動の旗頭《はたがしら》でもあったウィリアム・モリスのデザインした暖炉でした。絵柄のついたタイルを周囲にはめ込み、無機質になりがちな小〜中規模の暖炉に

1872年作の肖像画。青色系のタイルが交互にはめ込まれた暖炉。花瓶や壁や床にも同系色が使われており、当時の洗練されたカラースキームが感じられる。

1850年代の中流階級のモーニングルーム。暖炉は1830年頃から50年代にかけて流行った鋳物のサーキュラー・ヘッド（半円形）。（ジェフリー博物館）

ファイアーポールとも呼ばれたファイアースクリーンの小型版。

色調を持たせました。

またタイルの量産化にともない、いろいろなパターンのデザインが生まれました。暖炉を囲む小物も、インテリアの重要なアイテムでした。たとえば、灰や塵《ちり》で床が汚れないように暖炉の前に取り付けるフェンダーや、薪を燃えやすくするために空気を下から取り込ませるためのファイアードッグ。石炭やコークスを入れておく、コールボックスや木製キャビン。そして女性には欠かせないファイアースクリーン。

暖炉の熱による化粧崩れを防ぐファイアースクリーンは、その家の女主人による手仕事で作られたものも多く、当時の流行や彼女たちの趣味を色濃く反映していることも少なくありません。

オーバーマントルのトップは17世紀に流行したブロークン・ペディメントという三角の頂点を壊した形状をしている。

異なったデザインのマントルピースにタイル付き暖炉をはめ込んである。（ヤング＆マーティン社のカタログより）

1890年代ヴィクトリア時代後期。小規模なドローイングルームの暖炉、木製のマントルピースとその上のオーバーマントル。暖炉はまわりにタイルがはめ込まれた、典型的なヴィクトリアンスタイル。オーバーマントルに飾られた陶磁器は、やはりこの時代に人気だった東洋的なデザインのもの。

クィーン・アン様式のリバイバル。
（ハンプトン＆サンズ社のカタログより）

鋳物の暖炉。フランスノルマンディー地方の影響を受けたアングロ・フレンチデザイン。

ヴィクトリア時代後期になると、上流階級の家でもタイルを用いた暖炉が主流となる。壁紙とのコーディネートが英国らしさを醸し出している。

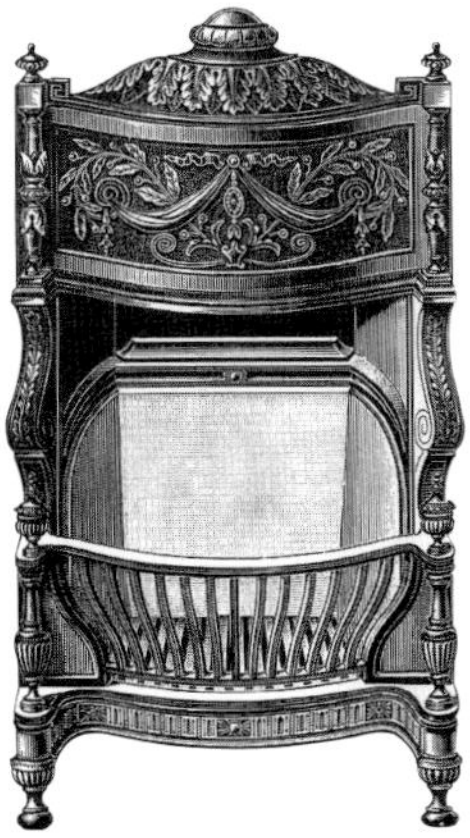

青銅製の暖炉。いずれも高級インテリアとしてヤング＆マーティン社のカタログで紹介された。

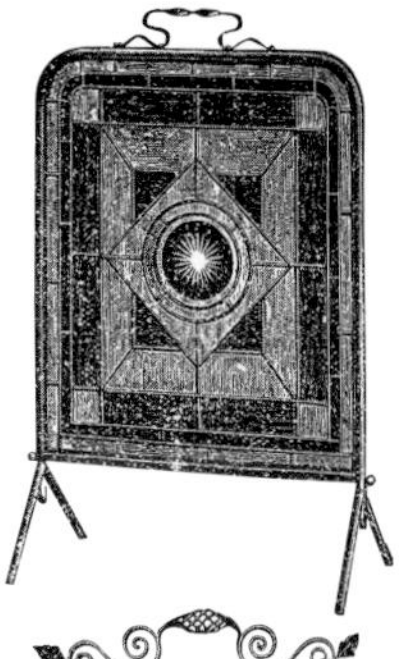

暖炉の火や熱から化粧崩れを防いだファイアースクリーン。女性にとっては必需品でもあったので、ヴィクトリア時代にはさまざまなデザインのものが生まれた。

ヴィクトリア時代の労働者階級の家では暖炉は暖房以外にも、さまざまな用途に使われていた。まさに生活の中心だった。（バーミンガム、バック・トゥ・バックス）

ウェールズのニューポートにある歴史的建造物のひとつ、トレデガー・ハウスの「ギルト・ルーム」の天井絵。

Ceilings & Floors

天井&床

上流階級の邸宅の化粧漆喰細工の一例。天井全体に贅沢な新古典主義のアダム様式が施されている。

ヴィクトリア時代、一般家庭の天井は白いプレーンなものでしたが、一八五〇年代から六〇年代にかけて、精巧な漆喰《しっくい》装飾が中流階級を中心に流行りました。

また一八八〇年代には〈ヴィクトリアン・シーリング・ローズ〉に代表されるスタッコと呼ばれる化粧漆喰細工が、大量生産により安価となり、一般家庭にも普及しました。これは天井の中央に化粧漆喰を施した円形のパネルをはめ込むもので、天井の明かり取り用のガス管穴もパネルの中央に空いていました。

カントリーハウスのキッチン。火を扱う手前部分は赤いタイルだが、そのほかはシンプルな寄木作りの床になっている。

ドローイングルームやダイニングを除くと、カーペットを敷かずに全体がフローリングという部屋は意外に多い。寄木の美しさもこの時代の魅力である。

フローリングのための寄木のサンプル。（ハンプトン＆サンズ社のカタログより）

家具や調度品があふれんばかりの部屋は、産業革命によって裕福になったヴィクトリア時代の暮らしの特徴でもある。天井も化粧漆喰細工のパネルで飾られている。

ヴィクトリア時代、上流階級のアトラクションとして、ご自慢の天井を鑑賞してもらうソファまで出現した。（1874年『パンチ』誌より）

スタッコ・パネルはさまざまなデザインが出回るようになり、ドローイングルームやダイニングルームに用いられることが多かったようです。

片や床はマホガニーやオーク材による板張りが多く、キッチンや地下の人目にふれない部屋は、シンプルな石やタイルが主でした。しかし、テラスドハウスなどの玄関ホールにかぎっていえば、幾何学模様の色鮮やかなタイルなどを用いることが流行しました。

また現代では一般的なカーペットで床を覆う方式は、ヴィクトリア時代には一般的ではありませんでした。その代わりに、ベッドの足元やドローイングルームの中央に、小ぶりな絨毯《じゅうたん》を敷いていました。また、カントリーハウスなどのゲストを迎える部屋の床は、大理石やライムストーンなどを用い、デザインも新古典主義をはじめ、豪奢なものも少なくありませんでした。

機械化による大量生産が可能になった装飾品のひとつに天井を飾るスタッコ（化粧漆喰細工）パネルがあった。かなり精巧なものが安く購入できるようになり、庶民層のものも含め、ヴィクトリアン・ハウスは、ますます装飾的になっていった。（ヤング＆マーティン社のカタログより）

ヴィクトリアン・シーリング・ローズと同種の化粧漆喰細工。

上／1780年代あたりのカーペットデザイン。下／1850年代。どちらも英国的だが、ヴィクトリア時代はより濃密な印象。（ジェフリー博物館）

東イングランドにあるイックワース・ハウスのスモーキングルーム。色鮮やかなカーペットはヴィクトリア時代のものの再現。

英国で唯一最大のカーペット生産地、Kidderminster（地元の発音ではキドミンスター）の名を冠したキドミンスター・カーペット。

この時代のカーペットは機械織りの大量生産化により安価になり、絵柄も多種多様のものがでてきた。中東、トルコをはじめブリュッセル（上右側三つ）や和風のマット（上左側三つ）も生産された。下の六つは防水フロアタイルの見本。ユニークな柄もあり、安価で、庶民の家を中心に人気があった。（ヤング＆マーティン社のカタログより）

床用タイルの見本。主に玄関ホールなどに用いられた。

1883年のタイルパネルのバスルーム。

1875年に描かれた中流階級のドローイングルームでのひとこま。模様の入った壁紙は凝ったデザイン、たくさんの金縁額の絵はテーマもさまざま。

Walls

壁

壁素材は昔から石やレンガが主流ですが、ヴィクトリア時代も同様です。室内壁は素材の上に漆喰で塗装。天井と壁の継ぎ目には化粧漆喰細工のコーニス（Cornice）。

コーニスとピクチャー・レールの間のフリーズ（Frieze）にも、さまざまなデザインの化粧漆喰細工が現れました。またダード（Dado）と呼ばれる、壁の下部を板材で張った腰羽目も一般的な住宅に多く見られました。

上から壁飾りの一部として、ドアの上を飾るオーバードア、天井と壁の境界線を隠すコーニス、壁の上部と中間部の間を飾るフリーズなどの建築用オーナメントも、この時代にはすでにカタログ購入が可能だった。（ヤング＆マーティン社のカタログより）

ペンキ塗装 Paints

装飾の方法としては主にペンキ塗装と壁紙です。ペンキは一九世紀の終わりまでは現在のように一般向けに小売り販売はされておらず、ペンキ塗装は主にプロの職人の仕事でした。

ペンキの色調を決定する原材料は自然素材が中心でした。当時とくに一八五〇年代から六〇年代にかけて人気の高かったのは濃い目の色でした。

ヴィクトリア時代初期には濃い赤色が、壁にかけた絵の額縁《がくぶち》の金箔《きんぱく》と相まって、ゴージャスな雰囲気を醸し出し、人気だったようです。またライラック、ブラウン、テラコッタ色なども淡く調節を加えて使用されていました。

中期になると、オリーブグリーンや〈バーガンディー〉と呼ばれるワインレッド、ブラウンやブルーなどもよく使われるよ

ライトカラーに塗装された壁。

真紅色の壁。

18世紀後期からヴィクトリア時代にかけて流行ったステンシルで飾られた壁。

壁や天井用の水性ペンキの色見本。これらの色のなかでも淡い色調のものは、現代でも人気のロングセラー商品となっている。

淡いレモンイエローに塗られたメイドたちの部屋。

うになりました。また一八七〇年代までは、これらの色と同時に、より光沢を抑えたマット調のものが好まれる傾向にあり、プラムやローズ、セージグリーンといった濃色も相変わらず人気がありました。

アーツ&クラフツ運動がさかんだった一九世紀末は、クリームやホワイトなどの明るい色が流行りました。しかし埃や汚れが目立つため、家主はつねに清掃を心がけなくてはいけないというマイナス面もあったようで、忙しい庶民の家庭ではあまり歓迎されなかったようです。

いずれにしても、このヴィクトリア時代の内壁の塗装については、たとえばオリエンタルな内装を好んだダイニングルームやライブラリー、スタディルームなどは〈ストロング・カラー〉といわれる濃色が、モーニングルームやドローイングルームなどの主に女性が主役となるような部屋は〈ライト・カラー〉といわれる明るく柔らかい淡色が一般的でした。

壁紙 Wallpapers

ヴィクトリア時代は壁紙が大々的に流行したことでも知られます。実はアン女

スコットランドの建築家でデザイナーとしてもヴィクトリア時代後期以降に活躍したジョージ・ウォルトン（George Henry Waltin, 1867〜1933）の壁紙を大胆に用いたドローイングルーム。1898年に撮影されたもので、暖炉には無地のヴィクトリアン・タイルがはめ込まれている。

1890年代の中流家庭のドローイングルーム。この頃になると、中流家庭でも陶磁器を飾るなど、生活がスタイリッシュに変化してきたことがわかる。壁紙はアーツ＆クラフツ運動の影響を受けた自然をモチーフとしたもの。（ジェフリー博物館）

21世紀のデザインとしても通用しそうな、チャーミングな壁紙。

王の時代、一七一二年から一八三六年までは〈壁紙税〉というものがあり、壁紙は高級品として庶民の手に容易に届くものではありませんでした。しかし、ヴィクトリア女王の統治開始とともに、この壁紙税は廃止され、一般家庭に普及すると同時に欧州大陸の国々へ大量に輸出されるようになりました。

一八五〇年代は、シンプルな幾何学模様やフロック・ウォールペーパー（羊毛繊維を用いたテクスチャーのある壁紙）、ロココ調の精巧なデザインのもの、さらに有名な戦闘シーンなどを描いた記念的な絵柄のものなどが上流階級を中心に人気を集めました。

一八六〇年代には機械製のロール壁紙の生産が始まると同時に、安価な商品が大量に出回るようになり、壁紙の大ブームが起こりました。柄も幾何学模様や花柄、唐草《からくさ》模様などデザインも豊富になり、この時代のインテリアを語るうえで、重要な位置を占めるまでになりました。

色彩的にはグリーンやワインレッドなどの濃色のもの、これらの色は一八五六年には化学染料で生産されるようになり、明るいゴールデンイエロー、クリーム色やベージュなどとともにとくに好まれま

ヴィクトリア＆アルバートミュージアムのカフェにある「ポインター・ルーム」の壁タイル。エドワード・ポインター（Edward John Poynter, 1836～1919）によるデザイン。

この壁紙に見覚えのある方は多いのでは？　2000年代に英国で人気を博した「キャス・キッドソン」が採用したテキスタイルパターンと同種である。オリジナルはバーミンガムのバック・トゥ・バックス（110頁参照）で見ることができる。

1830年代のゴシックパターンの壁紙。ヴィクトリア時代を通じて、ゴシック・リバイバル様式も人気の柄のひとつであった。

ウィリアム・モリスがデザインした壁紙の代表作のひとつ「イチゴ泥棒」のパターン。

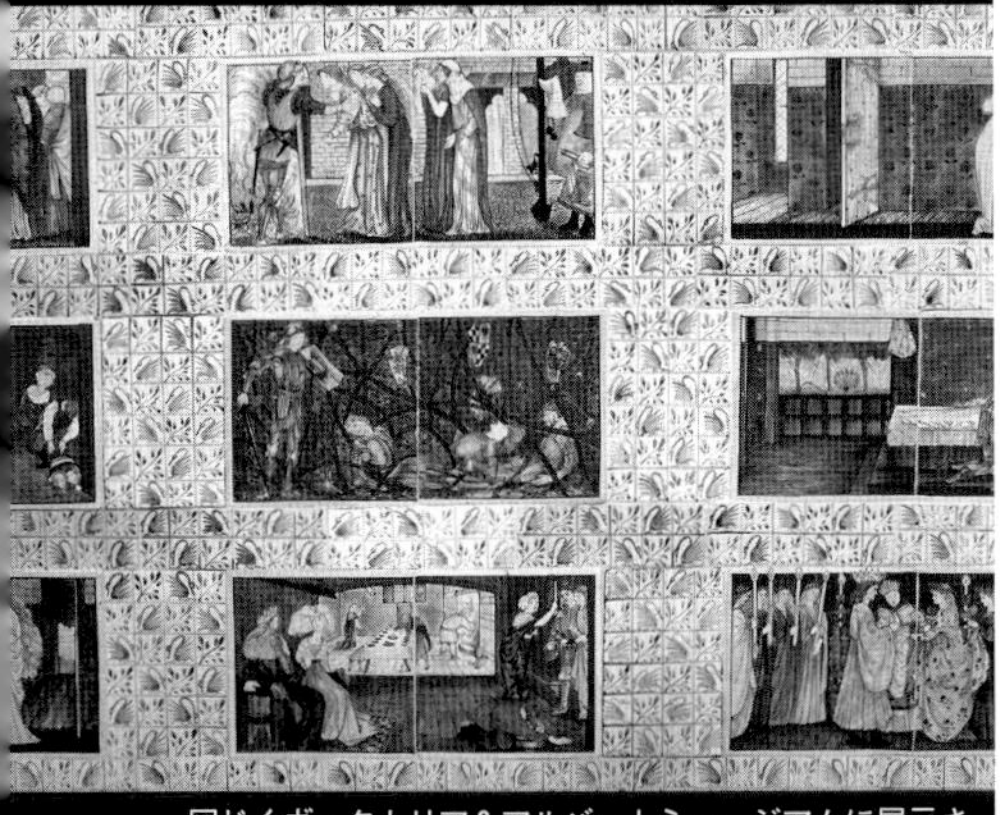

同じくヴィクトリア＆アルバートミュージアムに展示されている「眠れる美女」と白鳥の縁取りタイル。

した。

　ヴィクトリア時代中期から後期にかけては、モリス商会がデザインした壁紙が人気を博しましたが、モリス商会の製品は製作工程も複雑で、商品数もかぎられていたために、上流階級向けの高級品となり、一般大衆には高嶺《たかね》の花となってしまいました。一般家庭においては、大量生産された壁紙が定着することになったのです。

壁用タイル　Wall Tiles

　ヴィクトリア時代は産業革命にともなって、さまざまな技法によるタイルが生み出され、インテリアのアイテムとして重宝されました。壁用のタイルは手描きタイル、浮き彫りタイル、マジョリカタイル（透明もしくは不透明な釉《うわぐすり》を主として浮き彫りの素地にかけたもの）、銅板やリトグラフによる大量生産向きの転写タイルなど、多種にわたりました。

　用途としては壁や床のみならず、暖炉まわり、キッチン、トイレや机や椅子などにもはめ込まれ、この時代の生活に彩りを与えました。

Windows

窓

上／インサイド・ブラインドのデザイン例。プリント生地、ダマスク織り、絹やレースや木板など、素材もさまざまだ。左／アウトサイド・ブラインド。雨戸がない英国だけに一見必需品のようにも思えるが、激しい雨が長時間降り続けたり、台風などが来ることもないので、実際に外側に取り付けている家は少ない。

ヴィクトリア時代の庶民の家のサッシ窓。

東洋的なデザインのタペストリー・カーテン。いかにも重そうである。

その名もオリエンタル・カーテン。窓というよりも、玄関からの冷気を遮断する目的で用いたようだ。（いずれもハンプトン＆サンズ社のカタログより）

カーテンとブラインド
Curtains and Blinds

窓に付属する実用品として、またインテリアとしても欠かせないカーテンとブラインドについて見てみましょう。

まず双方の役目は、日差しから布製のソファや敷物、家具や調度品を守ることです。英国は日本に比べ緯度が高いため、太陽の位置も低く、とくに西日などは部

真紅のカーテンの奥にブラインドが見える。
遮光および室内の保温目的に使用していた。

飾り布のついたカーテン。外側はレースカーテン。（ジェフリー博物館）

カーテンの重量感に合わせ、ループも存在感のあるものが多い。右は日本ではあまり見かけないアームホルダー式。

屋全体に差し込むこともあります。また冬場などは防寒という役目も担っていました。

　また現代のレースカーテンのように、材質の違うカーテンを重ねて使用していました。これは光の調節や野外からの埃《ほこり》や虫よけのためです。素材はレースのほかにインド更紗《さらさ》、ビロード、ダマスク織りなどで、窓に近い側にとりつけられていました。

　一方その内側はとても厚い生地で作るのが一般的で、タペストリーのような重量感のあるものもありました。とくに内側は、カーテンのみならずそのつり棒を隠す窓の上部の飾り布（pelmet）や、両サイドのループやループ掛けなど、いずれもその部屋の雰囲気を決定づける大切な要素でもあるため、家主はその柄や質感に、こだわりをもって選んでいたことでしょう。

ウィリアム・モリス新婚時代の家「レッド・ハウス」のステンドグラス。ガラスにはモリス自身の手によるお気に入りのモットー「もし、私にできるなら」という言葉がラテン語で描かれている。

ステンドグラスのサンプル。大量生産による価格の安定で、誰もが気軽にインテリアとして楽しむことができるようになった。（ヤング＆マーティン社のカタログより）

カントリーハウスの紋章入りのステンドグラス。家系の歴史を重んずる英国上流階級の人々にとって、紋章への誇りは大変高く、こうしたステンドグラスは歴史的建造物では、必ず目にすることができる。

ステンドグラス　Stained Glass

英国のステンドグラスには長い歴史がありますが、ヴィクトリア時代はさまざまな過去の様式のリバイバルブームとあいまって、一般住宅にも広く普及するようになりました。

そのほとんどは、もちろん工業化によって大量生産された安価なものでしたが、この時代の庶民の家に見合ったデザインで、数多く売り出されたため、現在でもインテリアの一部として、とても人気があります。

またモリス商会で一枚一枚手作りで製造されたステンドグラスは、歴史的建造物などの貴重なインテリア資料として、現在でも手厚く保護されています。

ヴィクトリア時代になると、一般庶民の玄関やドアの一部にも好んでステンドグラスが使われるようになった。

Lighting

明かり

コートン・コートの女領主の執務室。日中はともかく、夜間は「薄暗い」なかでの手仕事は不便だっただろう。

東洋的なデザインをあしらったオイルランプ。

マイセンの燭台。優雅なデザインがヴィクトリアン・ハウスにぴったり。

かつては蠟燭が一般的だったが、ガス、電気とヴィクトリア時代は灯火に関しても急速に発展していった。現在多く残っている歴史的建造物では、蠟燭だったであろう照明箇所に蠟燭型の電気ライトを設置している。

持ち運び用の燭台。皿についているキャップを使って火を消す。

真鍮製の電気スタンド。初期のデザインだが、現在でも十分に通用するだろう。

ヴィクトリア時代の室内照明は、現代の私たちの目には驚くほど暗かったにちがいありません。たとえば、蠟燭《ろうそく》四〇本で現在の六〇Wの電球一個分の明かり。オイルランプは一五W相当、当時一番明るいとされたガスライトでさえ、二五W分の明るさしかありませんでした。そのため読書や仕事などの際は、蠟燭やオイルランプなどのポータブルライトが必要でした。

またこの時代の特徴としては、初期は蠟燭とオイルランプ、やがてオイルランプとガスライトといった具合に、双方を併用しながらの生活だったようです。ただし、それは階級によってかなりの違いがあり、たとえば労働者階級であれば、まだまだ蠟燭中心の生活でした。

蠟燭が唯一の照明であった時代は、銀燭台などは上〜中流階級の贅沢な装飾品のひとつでした。やがてオイルランプが開発され、その形にもいろいろなバリエーションが生まれました。さらに一八八〇年代から一九〇〇年頃にかけて家庭用のガス照明器具が普及すると、精巧なデザインのガスバーナーやガスバットなどがインテリアとして人気を集めました。

また同時期、上流階級を中心に電灯の

テューダー時代のマナーハウスでも、ヴィクトリア時代にはその時流に即した暮らしが営まれていた。電気が通る前は、ガス、ガスが通る前は蠟燭……と、同じインテリアで燃料だけが変化していったこともある。

英国のインテリアのなかでも明かりに関しては、日本との違いが大きいかもしれない。それは両国民の間に、まぶしさを感覚する度合いに差があるからだ。

イギリス人は蛍光灯は好まない。あくまでも優しい色合いを放つ電球を好み、なおかつ間接照明でなければ嫌……という意見が多数派を占める。

ヴィクトリア時代が終わるまで、貧しい労働者階級の家の明かりは蠟燭だった。

使用も始まりました。電灯の一般家庭への普及は一九二〇年代以降のことでしたが、その普及とともに、デザイン上、現代においても遜色《そんしょく》のないガラス製のランプシェードや電気スタンドなどが、インテリアの重要なアイテムとして加わることになりました。

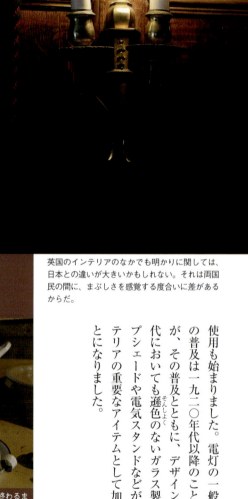

暗いキッチンに唯一の明かり、オイルランプ。蠟燭しか知らなかった人々にとって、オイルランプやガスライトの明るさは、画期的なものだった。（バーミンガム、バック・トゥ・バックス）

19世紀後期、ガスライトは急速に普及し、労働者階級の小規模住宅にも設置されるようになった。ただし、それは1階のメインの部屋のみで、その他の部屋では、蠟燭やオイルランプが必要だった。（バーミンガム、バック・トゥ・バックス）

中東風のデザインのホール・ランプ。電気の普及とともに、新しいインテリアとして注目を集めた。

ガラス製のホール・ランプ。庶民の家もますます装飾的になっていった。（ヤング＆マーティン社のカタログより）

真鍮製のガスランプ受け。いずれも「スイング・ブラケット」という形。多彩なデザインでインテリアの重要な位置を占めてきた。（ヤング＆マーティン社のカタログより）

手前の白壁の家は16世紀のファームハウスを改築したもの。外壁や木ドアの塗装は、もちろんご主人のお仕事。

Column 8

男性の価値はDIY指数！

ファームハウスをヴィクトリア様式にリニューアル中。

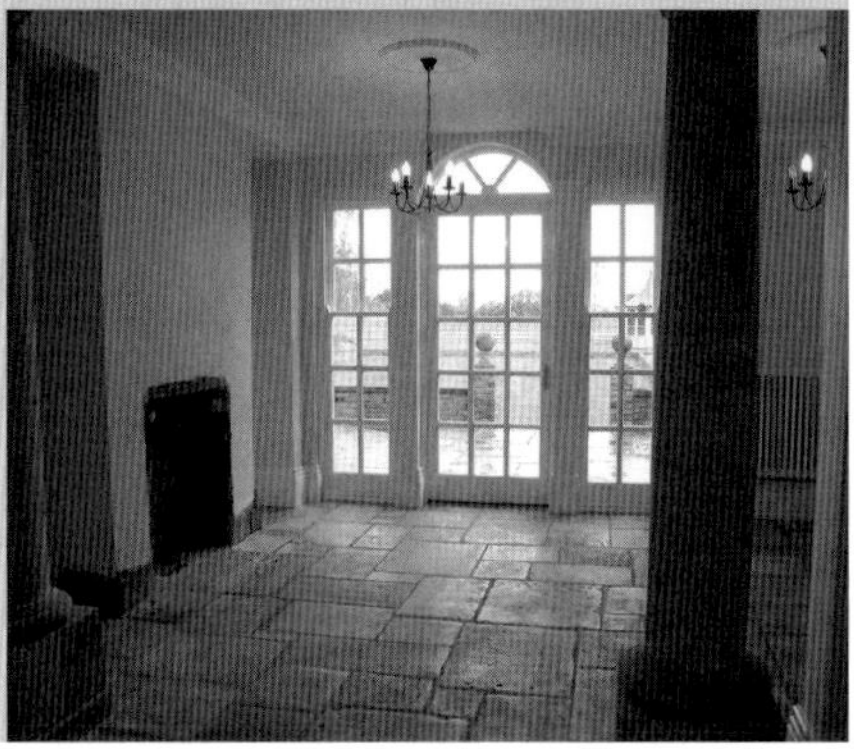

さかんなDIY

英国はガーデニングの国とよくいわれますが、ガーデニングに負けず劣らずDIYがさかんです。〝さかん〟という言葉を使うと、誰もが好んで行っているように聞こえますが、〝やらざるをえない〟という表現が正しいかもしれません。

第1章でご紹介したとおり、家のメンテナンスは資産を増やすための重要な仕事です。ただし、高いお金をかけてリフォームをするのでは意味がありません。「いかに安く、ゴージャスに仕上げるか！」にかかってきます。

そこで、外壁、内壁、ガーデンの柵にいたるまで、ペンキは自分たちで塗りかえるのが普通です。カーペットやフローリングを張りかえるのも、よほど広い面積でなければ、たいていは自分たちでやります。ペンキやカーペットだけではなく、お洒落な壁紙を貼ったり、システムキッチンを作りかえたり。なかにはバスルームの改装、家の増築も自分たちで行う人もいます。

できるかぎり自分の手で

また築一〇〇年以上のヴィクトリアン・ハウスなどに住んでいれば、水まわりから電気の配線に至るまで、小さな故障や不具合は日常茶飯事です。人件費が高いから……というか、イギリス人の旦那様は、そうした場合も専門業者に頼らずに、できるかぎり自分で直そうと頑張ります。

なぜかというと、英国に数ある水道修理屋さんにしても電気屋さんにしても、日本

ガーデン同様に、素敵に仕上がったバスルーム。

ＤＩＹ以外、たいていはガーデニングも男性の仕事とされている。なぜなら実際には重労働が多く体力勝負だから。改築後も外装やガーデンの手入れなど、家の仕事は果てしなく続く。

10年前に下の写真にある納屋を購入。コツコツと自分たちで改築、改装作業を行った。現在では夫婦ふたりの理想の家となっている。

では信じられないかもしれませんが「えっ、本当にプロですか？　まさか素人ではないですよね？」と質問したくなるほどいい加減なメンテナンスで済ませる人が多く、さらに予約したところで、一週間も二週間も待たされることも少なくありません。そのため、どんな故障や不具合だろうと、自分たちで直すためのHow to本がたくさん出ているほどです。

したがってほとんどのイギリス人女性は、〝男性は家のメンテナンス、ガーデニングができて当たり前〟と思っています。つまり、ＤＩＹ指数と男性の価値は見事に比例する……というわけです。

本当に、働き者のイギリス人男性！　ご同情申し上げます。

第5章

ヴィクトリアン・ハウスの暮らし

ヴィクトリアン・ハウスの代表的な建築様式や室内デコレーションをご紹介したあとは、その多くが歴史的建造物にもなっている上流階級の邸宅から中流階級の住宅を中心に、その用途別に魅力的な英国インテリアをご紹介しましょう。

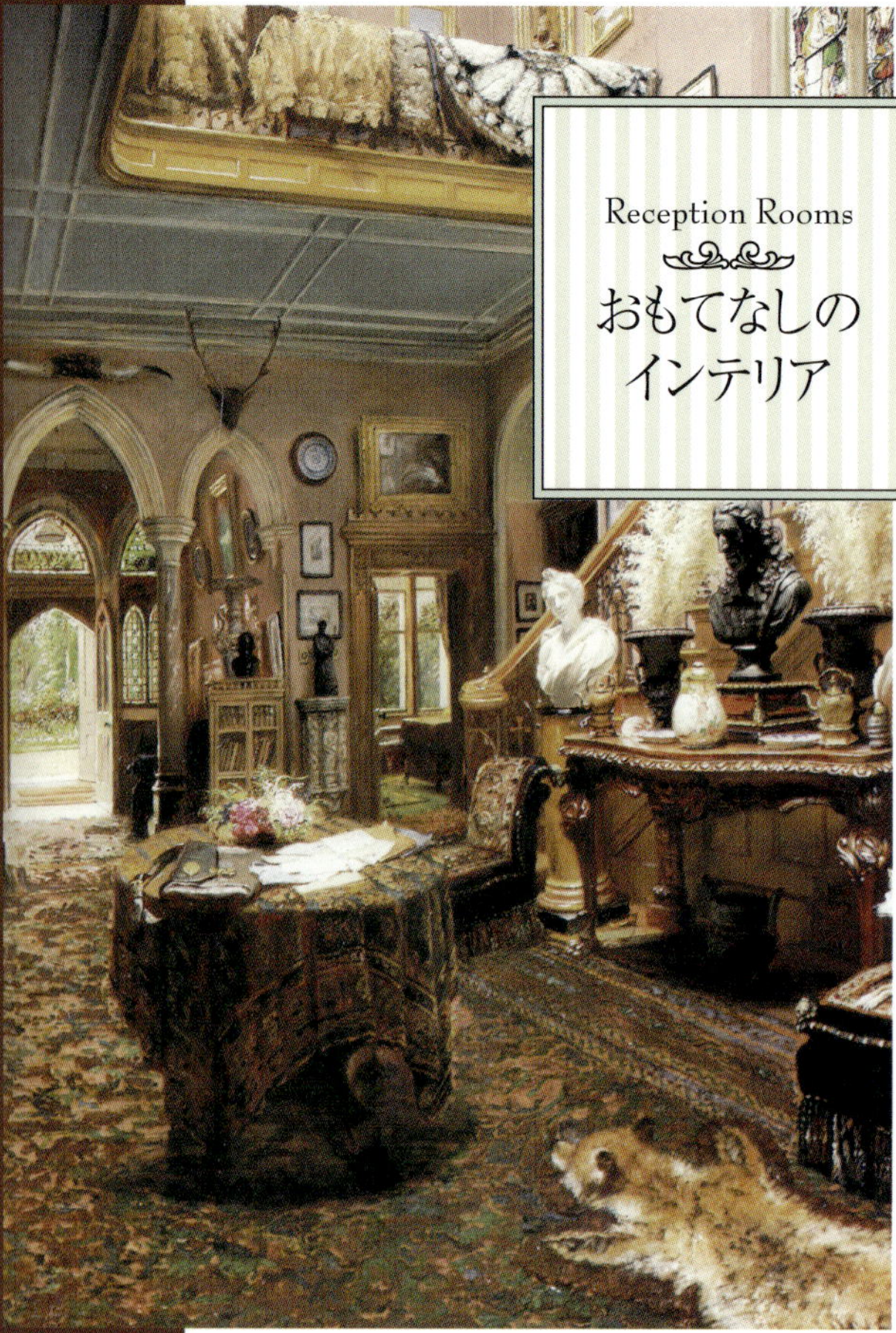

上流階級のヴィクトリアン・カントリーハウスのホール。玄関のアーチからゴシック・リバイバルの影響を受けていることがわかる。また豪華な織物や調度品から領主の富の豊かさがうかがわれる。

Reception Rooms
おもてなしのインテリア

テューダー時代以降、上流階級の邸宅は社交の大切な場として、多くの役目を担うようになりました。一方、ヴィクトリア時代になると、新たに中流階級が興ります。彼らにとっての住まいは、プライベートな空間としての意味合いを、より強くもつようになりました。これは社会構造そのものが、現代に一歩近づいた証《あかし》のひとつです。それは何かしらの仕事に従事し、富を得るという生活スタイルには、貴族やジェントリー階級のような派手な社交の重要度が薄れてきたということを意味しています。さて、そのような状況下でのおもてなしは、いったいどのようなかたちをとっていたのでしょうか？

21世紀、貴族のお宅の玄関ホール。ヴィクトリアン・ハウスにふさわしい家具や調度品ももちろんだが、玄関とは思えぬ広さは羨ましいかぎり。

ウィリアム・モリスの邸宅、レッド・ハウスの玄関ホール。

労働者階級の家には玄関ホールはなかった。ダイニング、キッチンなど、そこは生活の場そのものだった。

セミ・デタッチド・ハウスのドローイングルーム。奥の白いドアが玄関ドア。ヴィクトリア時代後期からその後のエドワード時代にかけて、現在と変わらぬ住宅やインテリアが普及するようになった。（ジェフリー博物館）

ホール Hall

上流階級の住むカントリーハウスやマナーハウスでは、何よりもゲストが最初に足を踏み入れる玄関ホールに贅が尽くされました。その名も〈グレートホール〉〈マーブル（大理石）ホール〉、等々。社会的ステイタスの高い多くのゲストを迎えるために、家主の社会的地位にふさわしい（時にはそれ以上の）出迎え場所になるよう、そのインテリアに最大限の力を注いだのです。

他方、中流階級のタウンハウスなどでは家の規模に見合ったシンプルな作りとなっていました。とくにロンドンなどの都市型住宅の玄関ホールは現在の形態とほとんど変わりありません。

さらに、労働者階級の家には玄関ホールはなく、ドアを開ければそこはすぐに家族のダイニング、キッチンという作りがほとんどでした。

ドローイングルーム
Drawing Room

ドローイングルームとは、いわゆる客間や応接間のことです。もともとは一六世紀の王族や貴族の邸宅などに設けられていた、晩餐会後にゆったりとくつろげる部屋を意味する〈引き下がる（withdrawing）〉が語源とされています。

一八六五年の英国建築の手引き書ではドローイングルームを以下のように解説しています。

〈ドローイングルーム〉とは女性の控えの間（withdrawing room）を現代に転用したものであり、中世の女性のための控えの間、またはパーラー。通常、モーニングルーム（朝食のための食堂）がない場合は、この部屋は家族の居間も兼ねた。また、晩餐会などの際、食後に男性陣を残して、女性陣だけがこのドローイングルームに移り、男性陣のみの歓談後に再び合流するといった、パーティーにおけるレセプションルームの役目も担っている。

右記はある程度階級の高い家庭におけるドローイングルームの役割です。家の規模が大きくない場合は、日本風にいえば、居間ということになります。したがってホールと同様、その家の規模によって部屋の大きさもインテリアもさまざまでした。

ヴィクトリア時代、夏場は「社交のシーズン」ということで、カントリーハウスでは毎夜のようにパーティが開かれていた。ドローイングルームはこうしたエンターテインメントの会場となることも多かった。

優しい色調の壁面に、女性的な家具や調度品。何時間でもとどまっていたくなるような心地良さを感じさせる。

チッペンデール様式のドローイングルーム。
（ハンプトン＆サンズ社のカタログより）

ヴィクトリア時代の家具、食器が並ぶ、ハンブリー・ホールのダイニングルーム。奥のドアは主人の執務室につながる。椅子は1835年製のマホガニー。

ダイニングルーム

Dining Room

昔も今も、自宅の夕食にお招きするのが最高のおもてなしである英国にとって、

〈ダイニングルーム〉はその主役ともいえる場所でした。中世の上流階級の邸宅では〈グレートホール〉と呼ばれ、いわば多目的宴会場の役目を担っていました。その規模も予想されるかぎりのゲストの数に合わせた豪奢なもの。迎賓館《げいひんかん》での晩餐会のイメージを思い浮かべていただければよいでしょう。

また、インテリアの特徴としては食後に女性たちがドローイングルームに移り、男性陣のみがダイニングルームですごす習慣があったために、どちらかといえば男性寄りの趣向のインテリアが一般的でした。

ヴィクトリア時代、ロンドンなどの都市部の中流階級の家庭では、その規模はやはり家の大きさに比例して大小さまざまでした。とくに、これは現在もなお続いている習慣ですが、ダイニングルームは日曜日などに親族や友人などが集まるときにのみ使用し、通常は家族だけの食卓がキッチンにあり、そこで食事をするのが一般的な庶民の生活様式です。

ダイニングルームは家の規模に合わせて広さもさまざま。ただし共通していることはインテリアはすっきりと、主役の食事が映えるように洗練されたものであること。

ダイニングルームの低価格のインテリア見本。(ハンプトン＆サンズ社のカタログより)

Private Rooms

くつろぎのインテリア

歴史的建造物、コートン・コートの「タペストリー・ベッドルーム」。折りたたみの衝立の毛織は８代目領主夫人のハンドメイド。

ベッドルーム Bedroom

家の中で最もプライベートな部屋といえば、やはり寝室、〈ベッドルーム〉です。ヴィクトリア時代の英国のベッドルームは、その部屋の主の社会的地位や好みを強く反映していました。

部屋数にゆとりのある上流階級の邸宅の場合は夫婦でも寝室は別々に用意されていることが多く、女主人のロマンティックなインテリアに対して、男主人の寝室はシンプルで高貴なインテリアを施したものが多く見受けられます。女性の寝室やマスターベッドルーム（夫婦の寝室）の家具はキングサイズ、もしくはダブルサイズのベッドにドレッサー、〈ナイトスタンド〉と呼ばれるベッド横のサイドテーブル、ひとつ、または複数のクローゼット。そして足元のカーペットといった具合です。男性専用の寝室の場合は、ドレッサーが簡易でシンプルな分、手紙などをしたためる、ライティングテーブルを備えている場合がありました。

また、ゲスト用の寝室は、階級が上がると時として王室メンバーなどを迎えることもあるため、寝室といえども暖炉や

ヴィクトリア時代のハーフテスター（半天蓋付き）ベッド。左の洋服タンスは“クローズド・カップボード”を意味するArmoireと呼ばれたオランダ、ウォールナット製。

右／落ち着いた色合いですっきりとしたインテリア。ベッドはフルポスター（四柱式）。左／ハンブリー・ホールの女主人のベッドルーム。ヴィクトリア時代中期、1860年代当時のインテリアが再現されている。ベッドは1840年代のハーフテスター。そのほかは当時のまま。

ベッドの上には当時夫人が着ていたドレスと同種のものが飾られている。

ドレッサーのための明かりは当時は蝋燭だった。

天井を中心に、大変凝った装飾が施されていました。

部屋数のかぎられていた都市の中流階級以下の家庭では、現在とほとんど変わらない簡素な寝室がほとんどでしたが、やはりベッドカバーや壁紙、カーテンなどは、各家庭や使う人の年代や好みを反映していました。

Study and Amusement Rooms

男性のためのインテリア

ライブラリー（図書室）、スタディ・ライティングルーム（書斎）

Libraries, Studies and Writing Room

書斎を兼ねたライブラリー。男主人たちは、読む読まないにかかわらず、その蔵書の数とクオリティーの高さを密かに競い合っていた。

ヴィクトリア時代の住宅では、男性専用の部屋は現代よりはるかに多く、彼らの生活のなかでも重要な位置にありました。とくに貴族やジェントリー階級には欠かすことのできない〈ライブラリー（図書室）〉は、〈スタディルーム（書斎）〉と兼ねている邸宅も多く、一般に仕事にまつわるゲストをもてなす部屋のひとつでもありました。

また〈ライティングルーム（書斎）〉は、主に作家や随筆家など、クリエイティブな活動に携わっている男性が他人にあまり邪魔されないようなプライベートな創作空間をさす場合が一般的でした。

ライティングルームにかぎっていえば、当時も活躍した女性作家はいましたが、出版の際にはわざと男性名を使ったり、

いずれも書斎などの隣にある「控えの間」。ドローイングルームと違い、この部屋へ通される頻度は男性客のほうが多かった。

匿名《とくめい》で出したように、まだまだ現代のように女性の職業のひとつとは認められていませんでした。そのため、女性作家にとっての書斎は、後でご紹介するパーラーや寝室や食堂……といった場合がほとんどでした。

ビリヤードルーム
Billiard Room

〈ビリヤードルーム〉は、男性が娯楽と社交を楽しむ代表的な部屋でした。現在でも部屋数の多い邸宅には家族が集うリビングルームとは別に、ビリヤード台を置いた娯楽室がよくあります。インテリアの特徴としてはシックで落ち着いた雰囲気に仕立てられ、紳士的なゲームを紳士的な空間で楽しむ……といった表現がふさわしいでしょう。

男性だけの娯楽室「スモーキングルーム」。オリエンタル調なインテリアの部屋に、男主人の趣味のアイテムや蒐集品が置いてある。（ハンプトン＆サンズ社のカタログより）

ビリヤードルームの一般的なインテリアはこのように、シンプルで洗練されている。

ヴィクトリア時代には英国でかつて流行ったさまざまなインテリア様式をチョイスするという楽しみもあった。やや時代がかった、贅沢なビリヤードルーム。

Peace and Comfort Rooms

女性のためのインテリア

ウースターシャー、ハンブリー・ホールのパーラー。女主人が家族や、ごく親しい友人とともに、ティーカップを手に歓談したのだろうか。この部屋は南西向き。手芸などの細かい手作業を楽しむ女性たちには、日あたりのよい部屋があてられた。

パーラー Parlour

ヴィクトリア時代以降、家はそれ以前に比べてプライベートな空間という意味合いが濃くなっていったことはすでに記したとおりですが、この〈パーラー〉も中流階級以上の家庭における、ゲストの接待を目的としないくつろぎの間、現代風にいえばリビングルームのような存在でした。

家族のための居間ということで、お気に入りの家具や調度品を据え、居心地よくすごせる空間に演出していたようです。また当時、階級の高い家の女性は家事などは使用人に任せ、手芸や読書、楽器演奏や絵画制作といったことに時間を費やし、アフタヌーンティーに代表されるお茶会を親しい友人同士で開くなどして、日々の時間をパーラーですごすことが多かったようです。

コンサバトリー Conservatory

〈コンサバトリー〉は直訳すると「温室」。しかし、英国では第一に「ガラス張りの

「女性の控えの間」であるドローイングルーム。読書をしたり、歓談したり、手芸をしながら一日をゆったりとすごす。

ヴィクトリア時代、楽器、なかでもピアノを奏でることは上流階級の女性たちの共通の楽しみであった。

談話室」を意味します。植物のための温室は〈オランジェリー〉と呼ぶのが一般的です。

さて、このコンサバトリーを「女性のための空間」と定義してしまうのはいささかためらわれるところなのですが、ここもパーラー同様女主人が中心となって、家族や親しい友人たちと楽しい時間をすごすための空間です。インテリアの主役はなんといってもコンサバトリーの特徴を生かした植物。外のガーデンとはまた違った趣《おもむき》で、家庭ごとに華やかに演出されました。

またコンサバトリーはヴィクトリア時代にかぎらず現在でも、とても人気のある部屋で、高い需要があります。たとえば家を購入するとき、資金に余裕がある場合に最初に思いつくのは、このコンサバトリーの増築。大きなガーデンセンターには必ずといっていいほど、大小さまざまなコンサバトリーが展示されています。

コンサバトリーで会話を楽しむ人々。ヴィクトリア時代は温室の一部、もしくは温室に隣接して、親しい友人や親戚をもてなすインフォーマルなスペースが設けられていた。

Nursery Rooms

子供のためのインテリア

ナーサリールームのひとこま。ちなみにヴィクトリア女王は9人の子供に恵まれたので、ナーサリールームも賑やかだったと思われる。

ナーサリー Nursery

ヴィクトリア時代、中流階級以上の家庭では、子供たちは学校へは通わせず、乳母、そして家庭教師をつけて教育するのが一般的でした。そのため生後すぐから養育のためにあてられた部屋が〈ナーサリールーム〉です。

もうひとつの女性のためのインテリア

「くつろぎのインテリア」として紹介したベッドルームですが、実は女性のためのインテリアを楽しめる部屋でもあります。たとえばベッドルームに置いてあるドレッサー。これは女性だからこその必需品。この前に座り、鏡を見、お化粧や身繕いをしない日はない女性にとっては、最も身近な家具のひとつ。そこでヴィクトリア時代の素敵なドレッサーを集めてみました。

ヴィクトリア中期のとても女性らしいベッドルームのドレッサー。

天蓋つきのドレッサー。

オスタレー・パークで見つけた可愛いらしいドレッサー。

ハンブリー・ホールのナーサリー。生後間もない乳児が乳母、または母親とすごす部屋。シンプルで落ち着いたインテリアだ。

ナーサリーで遊ぶ子供たち。

乳母から本の読み方を教えてもらっている。後ろの壁には羽ばたく鳥の絵が、シルクスクリーンで描かれている。

母親に本を読んでもらっている子供たち。

家庭教師と勉強中の上流階級の兄と妹。

「スクールルーム」と呼ばれる勉強部屋で。

子供たちはこの部屋で遊び、学習し、食事をして眠りました。一日の大半を親と離れた専用の部屋ですごしたのです。子供らしい内装で、なおかつ落ち着いて学習ができる部屋として、どの家庭も工夫を凝らしていました。

現代でも、部屋数に余裕のある家庭では子育てのために、一歳に満たない頃から親とは別の寝室＝ナーサリールームが用意されます。

Service Rooms

メイド&執事のためのインテリア

ヴィクトリア時代になると都市に住む新興の中流階級も、数人のメイドや専用のコックを雇うようになりました。執事をおくのは上流階級のカントリーハウスなど、大規模な邸宅にかぎられていましたが、ロンドン郊外の大規模タウンハウスには、同様に執事が働く家が存在していました。

彼らの生活の中心は〈ダウンステアーズ〉です。半地下、もしくは地下、あるいはグランドフロア（一階）の母屋とはやや離れた場所に、彼らの主な仕事場がありました。

使用人たちが食事をとるサーバンツ・ホール。食事のほかにも休憩、ミーティングなど多目的な部屋として規模の大きいカントリーハウスには欠かせない。質素で清潔なインテリアでまとめられている。

執事の執務室にあたるバトラーズ・ルーム。家の規模によって、その仕事の範囲や責任も異なってくる。いわば裏方の代表取締役であり、それにふさわしい部屋の広さとインテリアである。

サーバンツ・ホール、ハウスキーパーズ・ルーム、バトラーズ・ルーム

Servant's Hall, Housekeeper's and Butler's Room

〈サーバンツ・ホール〉は使用人たちが食事や休憩をとる部屋です。ハウスキーパーやバトラー（執事）は、使用人をつかさどる、いわば役職的立場にありましたので、それぞれに執務室が用意されていました。

〈ハウスキーパーズ・ルーム〉は下働きの女性たちの悩みの相談にのったり、奥様の指示を受けたりと、出入りする主なメンバーは女性ですので、やはり女性らしいやさしいインテリアの部屋が多く見受けられます。

一方、〈バトラーズ・ルーム〉は、質実剛健で無駄な物や装飾的なものはいっさい置かず、執務室独特の緊張感が張りつめたような部屋が多く、執事という仕事の気の抜けなさ、大変さを物語るようなインテリアです。

メインキッチンの隣のペストリー。主にパンやお菓子を作るスペース。

上／女性の使用人たちが休憩をとるスペース。左／ハウスキーパーズ・ルームのティーセット。下／サーバンツ・ルームでの上級使用人たちの食事風景。

カントリーハウスの食料品室。ヴィクトリア時代、低温保存が必要だった生ものは火を扱う部屋と離されていた。

現在の一般家庭でもよく見かける「アーガー」という万能オーブンの旧タイプ。昔も今も英国のキッチンを代表するアイテムのひとつ。焼く・蒸す・沸かす・保温と、これ1台ですむ。

カントリーハウスの使用人エリアに必ずある呼び鈴。部屋ごとに呼び出せるシステムになっていた。

バトラーズ・ルームにある秤やトランク。主人の小包づくりや旅行準備は彼らの大切な仕事のひとつだった。

ヴィクトリア時代のキッチン棚を再現。小規模なマナーハウスでは10〜20畳ほどのキッチンですべてをまかなっていた。

キッチン Kitchens

カントリーハウスやマナーハウスなど、晩餐会は上流階級の生活のなかでとても重要でしたが、そのメニューを取り仕切る〈キッチン（厨房）〉も同様でした。そこはかぎられた人しか入れないプロフェッショナルな領域で、現在の高級レストランのキッチンを彷彿とさせるような、専門的な調理用具が所狭しと並んでおり、それらをいかに効率よく使うかが、厨房のインテリアでは重要視されていました。

Column 9

ガーデンもひとつのお部屋

ガーデンもひとつの部屋

英国といえば〈ガーデン〉や〈ガーデニング〉という言葉がすぐに浮かんでくるほど、暮らしのなかに浸透している印象を受けられると思いますが、実際はどうなのでしょうか?

タウンハウスやセミ・デタッチド、デタッチド・ハウスも、たいてい家の裏側に家屋と同じかそれ以上の面積を持ったガーデンがある場合が多く、ガーデンもひとつの部屋のように、さまざまな用途に使われています。

ヴィクトリア時代、都会の中流階級の比較的大きな家では、ガーデンにテラスを増設したり、ガラス張りのコンサバトリーや、オランジェリー(温室)を設けました。中規模の家では、ガーデンの一部を利用して家を増築することもありました。

労働者階級の小さな家では、ガーデンで洗濯物を干したり、物置を置いたり、洗濯室やトイレさえ、家の中ではなく裏庭に設置されていることもありました。

英国のガーデニングの基本は「苗を植え替える」こと。種を発芽させるために温室は必須アイテム。ガーデンにどのような温室を設置するかは、家主のセンスの表れでもある。

壁を利用した温室。カントリーハウスなどのガーデンではよくみかけるが、20世紀に入ると一般的な住宅でも取り入れる家庭が増えた。かつてヴァージニア・ウルフが住んでいたモンクス・ハウスもこの形の温室だ。

〈サマールーム〉と呼ぶ書斎小屋

インテリアの面から当時のガーデンを考察してみると、上~中流家庭にかぎりますが、都会で暮らすこの時代の人々は、たとえ狭いガーデンでも、部屋同様にいろいろなものを飾ることを好んだようです。たとえば、彫像、日時計、鉢植え、ベンチ、さらに余裕があればコンサバトリーを設置する……といった具合でした。

また一九世紀後期になると、壁に沿った花壇や広々とした芝生、曲がりくねった小道などを配置し、より自然に近いガーデンを演出することが流行りました。都会を離れ、カントリーサイドにあるヴィクトリアン・ハウスを訪れてみると、広大なガーデンを、まるでひとつの家のようにいくつもの"部屋"に区切って、それぞれ違うテーマで花々や植物を植えているところがあります。ケントにあるシシングハースト・カ

コッツウォルズ地方のコテッジガーデン。５月から６月にかけてが一番美しい時期。

広大な敷地を29の異なる“部屋”に見立てたヒドコート・マナー・ガーデン。

1870年代のロンドンやバーミンガムなど、市内で低賃金で働く労働者階級の住居群。狭い家に大人数で暮らしている家庭も多く、どの家の裏庭にも人があふれている。

ヴァージニア・ウルフのサマールーム「ザ・ロッジ」。当時の知識人たちがこの部屋の前に集った。

ースルガーデンや、コッツウォルズにあるヒドコート・マナー・ガーデン、キフツゲート・コート・ガーデンなどはとくに有名で、現在でも自分たちの家のガーデンづくりのお手本にしようと、たくさんのイギリス人が訪れています。

　また、あたかも野生の花々が自然自生しているように演出するコテッジガーデンのなかに、〈サマールーム〉と呼ばれる小さな書斎小屋を置いている例もあります。

　女流作家のヴァージニア・ウルフや、ミュージカル「マイ・フェア・レディ」の原作者ジョージ・バーナード・ショーの家などが、その代表例です。クリエーターたちにとって、ガーデンはまさにもうひとつのシンキング・ルームといえるのでしょう。

Column 10

ヴィクトリア時代の著名人のお宅拝見！

「惑星」の作曲家、ホルストの生家

ヴィクトリア時代、中流一般家庭の各部屋の役割や、インテリアの特徴をご紹介したあとは、その時代を代表する著名人のお宅を訪ねながら、実際のヴィクトリア時代の暮らしにふれてみましょう。

ここで取り上げるのはグスターヴ・ホルスト（Gustav Holst / Gustavus Theodore von Holst, 1874〜1934）。ヴィクトリア時代の英国を代表する作曲家のひとりです。ホルストの代表作は管弦楽《かんげんがく》のために書かれた組曲「惑星」（The Planets）。なかでも有名な「木星」（Jupiter）は、英国で人気のラジオ局、クラシックFMが一日一回以上は必ず流すほど国民に親しまれています。

1階音楽室にあるホルストの彫像。

今も当時と変わらぬ閑静な住宅地にあるため、（写真に写っていない）看板を見逃すとたどりつけないかもしれない。まるで普通の家におじゃますようなアプローチで、最初はドキドキだ。

重いドアを開くと時代を感じさせるベルが鳴る。

ヴィクトリア時代のインテリア

ホルストが生まれたのはイングランド西部、グロスターシャーのチェルトナムです。チェルトナムは今からおよそ三〇〇年前に鉱泉が発見されて以来、保養地として栄えました。とくに一七八八年、ジョージ三世が五週間滞在すると、貴族や著名人がこぞって訪れたため、ファッショナブルなリゾート地として人気を博し、ロンドンの裕福な中流階級の人々が競うように別荘を建てました。そのため、今では英国で最も往時の面影を残すリージェンシー建築の街となっています。

そのチェルトナム北部にピットヴィルという地域があります。ここは一八二〇年代に〈新しい街〉として計画、開発されました。ホルストの生家であり、現在はホルスト・バースプレイス・ミュージアムとなっている建物は、このピットヴィルの南側にあります。一八三二年築造の三階建て、半地下もある典型的なリージェント時代後期の外観に、ヴィクトリア時代のインテリアで内部をまとめた小規模家屋です。

ホルストの一家がこの家に住んでいたのは一八七四年から一八八二年までのこと。では、写真とあわせて見ていきましょう。

２階に上がると階段正面にはドローイングルームがある。ヴィクトリア時代に流行った真紅の壁紙。壁に飾られている大きな絵はホルストの大叔父セオドール・ヴァン・ホルストによって描かれたもの。ピアノの上の肖像画はホルストの祖父グスタフ・ヴァレンタイン（1799〜1870）で、この部屋は祖父の時代を再現したもの。

「惑星」の大半を作曲する際に使われた1852年製のグランドピアノ。ホルストはウィリアム・モリスの友人だったこともあり、音楽室とその奥の資料室の壁紙はアーツ＆クラフツ様式。

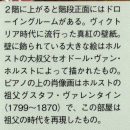

ドローイングルームを出ると右手にベッドルームがある。

ベッドには何枚も重ねて毛布がかけてあり、当時の寒さをしのばせる。

上は洗顔のためのジャーと洗面器。サイドテーブルの下にあるのはコモドと呼ばれる陶器製の室内便器。

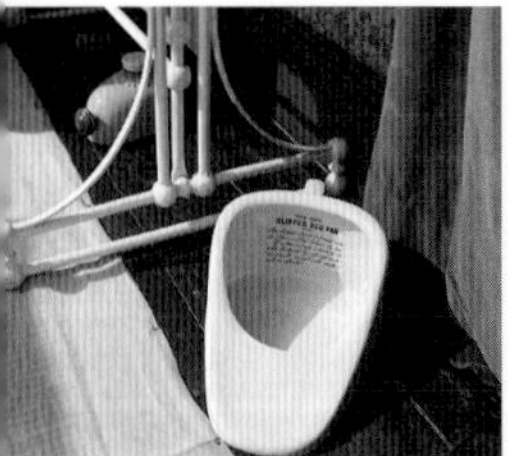

ホルストと弟エミールはこの部屋で産声を上げたと思われる。ヴィクトリア時代のベビーベッドと寝室用のポータブル式便器（上）。

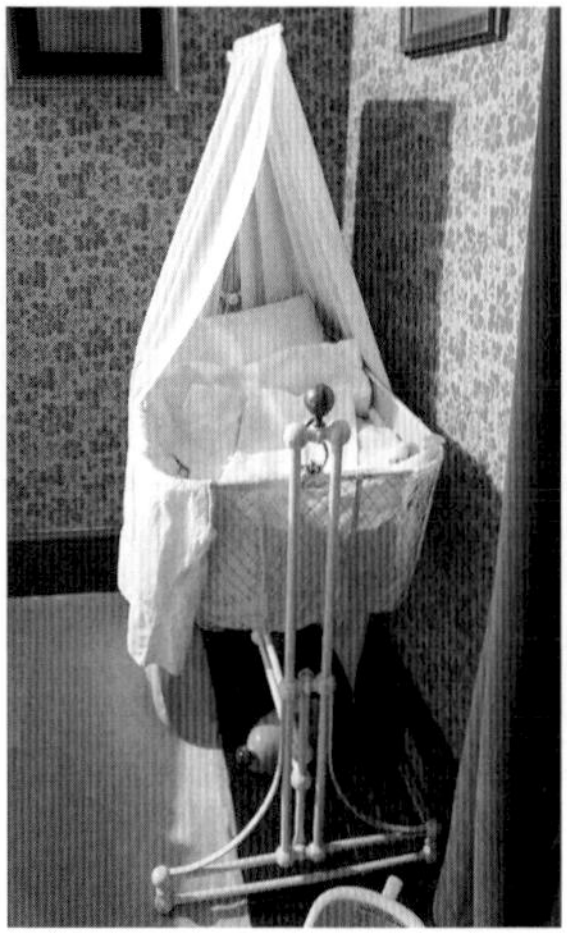

当時は浴室がなかったため、洗面台や移動式浴槽は必需品だった。

ヴィクトリア時代に流行した壁飾り棚。インテリアのひとつとして、また小物の収納スペースとしても。東洋的なものやフランス的、オランダ的なものなど、さまざまなデザインのものが見られる。

3階にはナーサリーがある。ヴィクトリア時代の“子供は大人の世界からできるだけ遠くへ置く”という考えのもと、最上階を子供部屋にしたらしい。ホルストは幼少時代、この部屋で多くの時間を弟エミールとともにすごしたといわれている。当時は遊びだけではなく、学習、食事、睡眠、子供の生活のすべてがナーサリーで行われた。

暖炉の上にはインテリアを彩る当時のさまざまな雑貨が並んでいる。

ナーサリーの隣は、ホルスト家のメイド、ジュリアの部屋。当時の厳しい階級社会のなかで、つつましやかに暮らしていたことがわかる。

暖炉にくべる石炭入れ。コール・ボックスもしくはコール・ヴェイスと呼ばれていた。いろいろなデザインのものがあったがこれはカントリー調の絵が手描きされている。

鉄製の「レンジ」と呼ばれる調理用オーブン。手前のキッチン用テーブルは衛生を保つため、毎日砂で汚れを擦り落としていたという。

地下にはキッチンがある。石の床に飾り気のないプレーンな白壁。カップボードには現在の英国でも人気の高い“ブルー＆ホワイト”と呼ばれる染付け食器が飾られている。引き出しの上には日常使いの食器（右）。

レンジの上部は鹿をデザインしたタイルで装飾されている。この地域をはじめ、英国では野生鹿が現在も多く生息している。

ピューター（錫合金）の鍋が並ぶ。

ハウスキーパーズ・ルーム。日中はホルストの母、クララがメイドに指示を与えるために、夕方はメイドが縫い物などをする作業部屋として使われていた。質素ながらも女性らしさが感じられるインテリアだ。

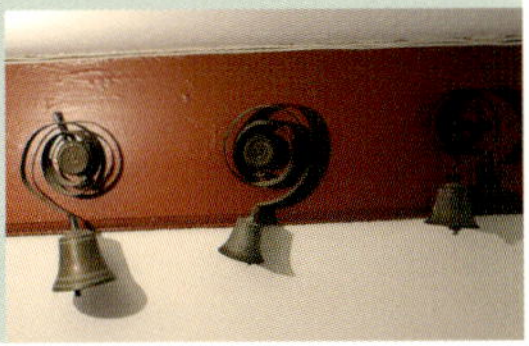

使用人を呼ぶために各部屋につながっている呼び鈴。

最も高価な陶磁器や銀食器、ガラス製品などはこのパントリー・ルーム（食器室）に保管されていた。

冷蔵庫が登場する前は、できるだけ涼しく乾燥した場所を選んで貯蔵室が設けられた。

洗濯部屋は裏口につながっており、外の石炭貯蔵庫と汲み取り式のトイレへ行くことができる。小さなスペースだがヴィクトリア時代に人気があったガーデンチェアが置いてある。

Holst Birthplace Museum
4 Clarence Road
Cheltenham
Gloucestershire
GL52 2AY
Tel: +44 (0) 1242 524846
http://www.holstmuseum.org.uk/

食器を洗ったり、野菜や肉の下ごしらえ、また洗濯、物干し場も兼ねた部屋。

第6章 英国インテリアを楽しむ

日本から英国へ旅行される方のなかには「一般家庭の家やガーデンを訪問してみたい」と希望される方が少なくありません。とはいえ、知り合いもいない外国でいきなりの「お宅拝見」はなかなか大変なもの。そこで、個人旅行でも簡単に英国インテリアにふれ、イギリス人の暮らしを体験できる施設をご紹介します。

歴史的建造物で インテリアを堪能

英国には歴史的建造物の保護活動を行っている組織がいくつかあり、観光で訪れた際、簡単に英国インテリアを堪能《たんのう》することができます。

まず貴族やジェントリー階級が今でも実際に暮らしている邸宅の一部を一般公開している〈ヒストリック・ハウスィズ協会〉。年会費を払っている会員はもちろんのこと、入場料を支払えば、そこはもう英国貴族の邸宅。なかには世界遺産に登録されている〈ブレナム宮殿〉や映画「プライドと偏見」のロケ地としても有名な〈チャッツワース〉など、指折りの歴史的建造物も含まれています。ヒストリック・ハウスィズ協会は、瀟洒《しょうしゃ》なカントリーハウスや庭園を先祖から受け継いだ〝現役の〟上流階級の領主たちが、膨大な費用のかかる建物の維持費を入場料やロビー活動によって賄うために作られた互助組織です。彼らの苦労を感じながらも、英国が最も栄えた時代を疑似体験することができるでしょう。

一方、個人ではなく、英国政府が税金をもとに歴史的建造物や遺跡を保護しているのが、〈イングリッシュ・ヘリテージ〉です。

イングリッシュ・ヘリテージはイングランドの歴史的建造物の保護やアドバイス、また登録などが目的で、英国政府により設立された組織です。ストーンヘンジなどの考古学遺跡からアイアンブリッジなどの産業遺産、なかには英国インテリアを楽しむことができるヴィクトリア女王の離宮〈オズボーンハウス〉やロンドンのアダム様式のカントリーハウス〈チズウィックハウス〉などもあります。

そして、英国インテリアを堪能するための真骨頂といえば、なんといっても英国最大の環境保護団体〈ナショナル・トラスト〉です。ナショナル・トラストは、イングランド、ウェールズ、北アイルランドに三〇〇以上の歴史的建造物を所有し、城館から貴族の館、いまとなっては貴重なヴィクトリア時代の労働者階級の家、

イングランド東部にあるインングリッシュ・ヘリテージのプロパティ（保護資産）、オードリー・エンド（Audley End）。テューダーからヴィクトリア時代までのインテリアが楽しめる。

コッツウォルズにあるヒストリック・ハウスィズ協会のプロパティ、スードリー城（Sudeley Castle）。ここはガーデンが有名だが城内では、ヘンリー八世の６人の妻に関する資料や、ヴィクトリア時代の部屋、キッチンを再現している。

ナショナル・トラストが保護するウィティック・マナー（Wightwick Manor）は、ヴィクトリア時代後期のアーツ＆クラフツのインテリアを随所に取り入れた、英国でも稀有な歴史的建造物だ。

イングランド東部にあるナショナル・トラストのプロパティ、イックワース・ハウス（Ickworth House）は館内のインテリアも素晴らしいが、建物の半分は５つ星の高級ホテルになっている。

上は「ピーターラビット」の舞台となった湖水地方のニアソーリー村の風景。右はナショナル・トラストの本部と、トラストの保護地を示すプレート（下）。

●ヒストリック・ハウスィズ協会　http://www.hha.org.uk
●イングリッシュ・ヘリテージ　http://www.english-heritage.org.uk
●ナショナル・トラスト　http://www.nationaltrust.org.uk

はてはビートルズなど著名人の家まで、バラエティに富んだ建物を保護。しかも、それぞれの建物が絶頂期であった当時のインテリアを忠実に再現しているのです。「イギリス人は歴史好き。アンティーク好き」とよくいわれますが、やはりナショナル・トラストが一般公開しているような〝本物〟にふれているうちに、感性も目も肥えてゆくのかもしれません。

Column 11

ナショナル・トラストで楽しむ〈庶民のお家〉

ヴィクトリア時代の労働者の家

これまでに紹介した一般的なテラスドハウスとは異なり、バック・トゥ・バックスは一世帯の面積がとても狭く、六畳ほどの部屋がひとつずつ階段でつながっており、縦に三部屋か四部屋という間取りです。主に低賃金で働く労働者たちの家として、ヴィクトリア時代に工業都市を中心に、急激に増えていったものです。

その加速度的な増加は数字を見ると明らかで、たとえば一八〇一年当時、いわゆる〈タウン〉と呼ばれる都市圏で暮らす人口は、全体のわずか二六%にすぎませんでしたが、ヴィクトリア時代の後期、一八九一年には、都市で働く労働者数が人口の七四%を占めるまでに膨れ上がりました。同時にこのバック・トゥ・バックス・ハウスも大都市圏の町を中心に四万三〇〇〇戸以上建てられ、そこで暮らす人々の数はおよそ二〇万人にもおよびました。

いつの世も、どこの国でも文明の発達とともに、格差は広がるばかりですが、ヴィクトリア時代の労働者階級の人々の暮らしはどうだったのか、インテリアをとおして見てみましょう。

英国式長屋が初公開

英国の場合、城館や貴族のお屋敷は入場料を支払えば気軽に見学できるところがたくさんありますが、〝庶民＝労働者階級の家〟となると、保存対象として認められていなかったという性格上、往時のままの状態で現存している建物は非常に少なく、ましてや室内のインテリアも楽しめるように一般公開している建物は数年前までは皆無に等しい状態でした。

ところが二〇〇四年に、英国第二の都市バーミンガムにあるヴィクトリア時代の庶民の家がナショナル・トラストによって初公開されました。その名も〈バック・トゥ・バックス（「背中合わせ」という意味）〉。

英国で〈バック・トゥ・バックス・ハウス〉と呼ばれるテラスドハウス（英国式長屋）で、一軒一軒の仕切りは部屋の横壁ではなく、階数ごとに一部屋一部屋が背中合わせで、別所帯になっているという構造です。

バーミンガムの駅から徒歩6、7分の距離にある。目印は1930年代のスィートショップ（お菓子屋さん）。現在、まわりは中華街になっている。

Back to Backs
55-63 Hurst Street
50-54 Inge Street, Birmingham, B5 4TE
Tel: +44 (0) 121 666 7671

通り側とコート（中庭）側、2世帯の断面図。1世帯がそれぞれ3階建て構成で、1フロアーの広さは6～8畳ほどしかなかった。

建物の裏手にあたるバックヤード。洗濯、物干し、トイレ、そして子供の遊び場や作業場として住民が共同で使用していた。

「コート（中庭）15」がバック・トゥ・バックスの住所。表はInge StreetとHurst Streetに面している。

1900年代初頭、当時から貧しい住居環境は問題視されてた。

バック・トゥ・バックスのひと棟はミニ博物館になっており、ヴィクトリア時代に実際にここで使われていた壁紙や復元作業のビデオなどを鑑賞することができる。

屋上やベランダなどがないため、洗濯物を干せる唯一の場所がバックヤードだった。
左上の奥に見えるのはヴィクトリア時代の手動の脱水機。

手の込んだステンシル装飾は、はがした壁紙の下から発見され、復元された。

洗濯や家の修繕などに必要な道具がそろっていた。
４畳半ほどの共同の作業場。

１軒ごとに1830年代から1970年代までのインテリアが再現されている。

ヴィクトリア時代に使われていた共同トイレ。奥には蠟燭が。

カントリーハウス・ホテルで体験するゴージャス・インテリア

英国貴族のように、ゴージャスなインテリアに囲まれて生活してみたい！　そうした夢を叶えてくれるのが、英国各地にあるマナーハウス・ホテルです。マナーハウスとは、貴族やジェントリー階級に属する大地主が建てた邸宅のことで、日本でも一般的にはそのように解釈されていますが、実際にはテューダー時代以降に建造された大邸宅は、英国では通常〈カントリーハウス〉と呼ばれます。〈マナーハウス〉は中世以前に建造された邸宅で、カントリーハウスよりは、やや規模が劣る場合が多いようです。

したがって本書で紹介しているテューダー時代以降の貴族の邸宅は〈カントリーハウス〉が主で、その邸宅を宿泊施設として再利用しているのが〈カントリーハウス・ホテル〉、または〈ヒストリックハウス（歴史的邸宅）・ホテル〉です。「高級ホテル」というのは世界中どこにでもありますが、一般的に高級ホテルと呼ばれているホテルと、英国のカントリーハウス・ホテルやマナーハウス・ホテルとの違いは何でしょうか？　それは何より、〝上流階級の暮らしを疑似体験できる〟ことに尽きるでしょう。

なぜなら、元来の建物を可能なかぎりそのまま使用しているため、たとえばチェックインはいわゆるホテルのフロントデスクではなく、〈グレートホール〉と呼ばれる玄関ホールで、あたかもその邸宅の主人が帰って来たごとく、執事にうやうやしく出迎えられます。また宿泊客がラウンジとしてくつろげる場所は、かつての〈ドローイングルーム〉や〈ライブラリー〉。食事をとる部屋は〈ダイニングルーム〉のインテリアを生かし、テーブルだけを個々に座れるような形にしているところがほとんどです。客室も一部屋ごとに異なったインテリアを施しているホテルが多く、何度泊まっても新たな発見にめぐり合えることでしょう。ガーデンもカントリーハウスにふさわしい広大な敷地を誇るところがほとんどです。

カントリーハウス・ホテルのなかでは、珍しく子供の宿泊も可能なイックワース・ホテル。メインの建物はナショナル・トラストのプロパティになっている。
http://www.ickworthhotel.co.uk

ロンドンから車で小一時間、バッキンガムシャーにあるクリヴデン。第１級のカントリーハウス・ホテルとし有名で、財界、著名人の利用も多い。
http://www.clivedenhouse.co.uk

玄関ホールの左手には、ドローイングルーム。玄関をくぐると、ドアボーイならぬ、執事にうやうやしくこの部屋へ案内される。

ヒースロー空港から車で1時間のアリスバーリーにあるハートウェル・ハウス&スパ。ナショナル・トラストの所有するヒストリックハウス・ホテルのひとつで、2013年のG 7（先進7カ国）の会場にも選ばれた。

http://www.hartwell-house.com

フランスから亡命していたルイ18世が一時期住んでいたといわれる、由緒ある建物。

ラウンジはかつてのライブラリー。ライティングテーブルに座れば、まるで領主になった気分。

ドーム型天井が素敵なダイニングルーム。

中世のフランス、そして中東が交じり合ったインテリアの階段。

ジョージアン様式が色濃くでているコリドー（廊下）。

見学のみのカントリーハウスと違い、一日中好きな時間に好きなだけガーデンを楽しむことができるのも、ホテルならでは。伝統的な英国インテリアに興味のある方には、絶対お勧めのカントリーハウス・ホテルです。

ヴィクトリア時代を思わせるシンプルなダブルベッド。オフホワイトのリネンをはじめ、家具もすべてアンティーク調。

上／シェイクスピア生誕の地、ストラトフォード・アポン・エイボンにある歴史的建造物、チャールコート・パーク。このカントリーハウスの一角がホリデー・コテッジになっている、下／ホリデー・コテッジからの眺め。まるで当主になったよう。

廊下の呼び鈴から、かつてはここが使用人たちのエリアだったことがわかる。

リージェンシー様式のソファでくつろげるドローイングルーム。

泊まり客の入れ替えの際、部屋の花も新しくいけかえられる。

ホリデー・コテッジ、B&Bで体験する英国インテリアライフ

貴族になったつもりのカントリーハウス・ホテルもいいけれど、肩肘《かたひじ》の張らない〝普通〟の英国家庭のインテリアに囲まれながら暮らしを体験してみたい！と思っている方にはセルフ&ケータリング（自炊方式）の〈ホリデー・コテッジ〉がお勧めです。

英国にはイングリッシュ・ヘリテージやナショナル・トラスト、また有名な景勝地や広大なカントリーハウスの荘園内に、さまざまなホリデー・コテッジが数多くあります。もともとは庭師や門衛など使用人の住居であった家を貸し別荘のような形で、通常三日以上、一週間単位で旅行者向けに貸しています。

家の形態はコテッジ（一軒家）だったり、街中であれば英国式長屋のタウンハウス形式や、城館やカントリーハウスの一角を内装のみ現代風に改装して貸しているところもあります。英国の〝本物〟の家に住めることはとても魅力的ですが、それに加え、チェックインしたその日から

6畳ほどの広いバスルーム。英国にはやたらに広いバスルームが多い。その場合はユーティリティールームとして洗濯物を干したりすると便利。浴室があっても湿度が低いのですぐに乾く。

チッペンデール様式の6脚の椅子に囲まれている食卓。

ホリデー・コテッジの入り口はハウスのメインエントランスから100mぐらい離れた西の塔の入り口。もちろん、一般客は入れない。

見学者が間違って入って来る心配はない。プライベート空間はしっかり守られている。

ベッドルーム数に応じて、ドローイングルームのほかにもシッティングルーム（居間）がある。贅沢な居住空間が楽しめる。

●ナショナル・トラストのホリデー・コテッジ http://www.nationaltrustcottages.co.uk

何不自由なく英国ライフが送れるよう、生活に必要な電化製品や食器、基本的な調味料も完備されています。郊外の大型スーパーや町や村のハイ・ストリート（目抜き通り）で食料品さえ買い込めば、その日から英国ライフを体験できます。

また、「自炊は面倒」という方は、英国式民宿の〈B&B（ベッド&ブレックファースト）〉に宿泊されるとよいでしょう。大概のB&Bは、子供などが独立して空いた部屋を、旅行客に〝宿〟として提供するもので、朝食は伝統的な〈イングリッシュ・ブレックファースト〉と決まっています。

朝食をとる部屋は、その家の客間やダイニングルームで、インテリアはその宿のオーナーの趣味が十二分に生かされています。

また〝自分の家〟を他人に提供するぐらいですから、オーナーはフレンドリーな人たちが多いうえ、家自慢のインテリア好きな人々がほとんどです。ロンドンなどの観光都市ではなかなか経験できない、そうした生粋のイギリス人との交流も楽しむことができるのが、B&Bの最大の魅力かもしれません。

コッツウォルズのB&B。日本でも人気のローラー・アシュレイの壁紙やリネンで統一された素敵なベッドルーム。バスルームも、柄違いのローラー・アシュレイ。

子供向けに用意された部屋。タオルと壁のトリムボーダーが同じ柄で、とてもかわいいインテリアになっている。ベッドカバーのパッチワークはここのオーナ夫人のハンドメイト。

Column 12 美しすぎる！ お風呂&キッチンの謎

カントリーハウスのお風呂。お気に入りの調度品に囲まれ、ゆったりとバスタブに身をゆだねるのは至福の時間だ。

お風呂といえば、トイレもセットなのが英国式。ヴィクトリア時代になると水洗トイレも普及しはじめる。それにしても美しすぎる！便器だ。

絨毯の上に猫足のバスタブ!?

カントリーハウス・ホテル、ホリデー・コテッジ、B&Bなど英国にはさまざまな宿泊施設がありますが、「美しすぎる！どうやって使えばいいの?」という疑問にぶつかるのが、お風呂（バスルーム）とキッチンです。とくにバスルームに関しては、施設の種類にかぎらず必ずついていますので、戸惑われた方も多いのではないでしょうか？

たとえば、ふわふわの絨毯敷きの上に、猫足タイプのバスタブのみ……というのも、けっして珍しいことではありません。入浴の仕方が私たち日本人とまったく異なるので、ともかく英国式のお風呂には面食らう方も多いでしょう。

では、イギリス人の一般的な入浴方法のご紹介です。まずは浴槽に〈バブルバス〉なる泡の立つ入浴剤を投入。お湯を勢いよく入れて、泡ぶくぶくのお湯がほどよく溜まったところへジャブンと入り、ゆっくり浸かります。ハリウッド映画などで観る、〝あの〟入浴シーンです。そして身体も心も暖まり、しっかりリラックスできたところで、湯船からすくっと立ち上がり、泡のついたままの身体をバスタオルでさっと拭って終わりです。

そう、洗わないし、すすがないのです！

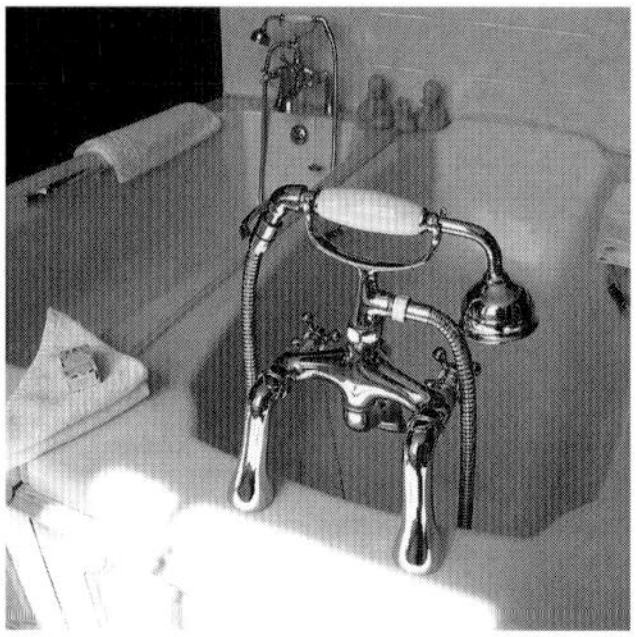

左／入る前になぜか緊張してしまう、きれいすぎる！　B＆Bのお風呂。コーナーに飾られている花瓶をどかしたいと思うのは、私だけ？　右／こちらは贅沢すぎる！　マナーハウスホテルのお風呂。

イタリア南部の古代都市、ポンペイ様式のバスルーム。現代でいうシャワー付きの贅沢なお風呂。(ハンプトン＆サンズ社のカタログより)

まるで赤ちゃんの沐浴《もくよく》のような感じです。したがって、日本のお風呂のような洗い場も必要ないし、お湯が跳ねてふわふわ絨毯が水浸し……などという〝事件〟も発生しません。そのうえ、バスルームはセントラルヒーティングによって乾燥していますので、インテリアに凝りに凝ってもまったく問題ないのです。

ショールームのようなキッチン

さて、次に英国のホリデー・コテッジやB&Bをはじめとする個人宅を訪問して驚愕するのは、〝美しすぎる〟キッチンです。なにしろインテリア雑誌を切り抜いてきたか、はたまたショールームかと思わせるほど、お洒落なキッチンライフを送っているイギリス人主婦が多く、「毎日料理、作っているの?」と疑惑を持ちたくなるほどです。

これまた、基本的な料理が日本のそれとはずいぶんと異なるためです。まず、伝統的な料理ほど、オーブンを用いて作り、キッチンの汚れの原因ともなる、煮たり、焼いたり、揚げたり……という調理法を用いることは本当に少ないうえ、汚れた食器は食卓からダイレクトに大型食器洗浄機へ直行するため、キッチンのシンクに汚れた食器やお鍋が出ていることも、ほとんどありません。

また一見少なそうな収納スペースも、よーく観察するとヴィクトリア時代と同様、〈一部屋〉別にスペースがあったりします。そのような訳で、お風呂に負けず劣らず、キッチンも美しく保たれているのです。

ヴィクトリア時代の万能レンジ。現在はこの形のレンジを販売して有名になった会社名「アーガー」がそのまま代名詞のように使われている。

21世紀の現代もミドルクラスのお宅のキッチンは本当にすっきり片付き、なおかつきれいで羨ましい。

現代の万能レンジ、アーガー。燃料はガスで基本的には1日中口火をつけておく。つねに保温状態なので、部屋の暖房を兼ねている家もあるほどだ。手前に並んでいるのは自家製ワインの蒸留瓶。

カップボードに並ぶブルー&ホワイト。「見せる」食器と「使う」食器をわけるのは英国式。

Column 13

英国式〝隠す!技術〟と〝捨てる!技術〟

まずは屋根裏へ

上流階級にかぎらず、庶民の生活も豊かになったヴィクトリア時代。それは現代にも通じる「消費社会」の始まりでした。産業革命によって大量生産が可能になり、物価も安くなり、暮らしそのものが大量消費の時代へと突入したのです。さてそうなると、家の中には物があふれかえるのが世の常。この時代の客間の写真などを見ると、たしかに多すぎるほどの調度品が所狭しと置かれています。

上／1870年代のヤング＆マーティン社の商品倉庫。横付けされている貨車の数からそのスケールの大きさが想像できる。下／ロンドン、ストラトフォードのショールーム。

また古い物を大切に使い続けるのも、イギリス人の暮らしぶりのひとつとしてよく紹介されます。たしかに家も物も一〇〇年以上前のものがたくさん存在していますので、「古い物を大切に……」というのは本当です。しかし実際に英国で暮らしてみると、ヴィクトリア時代から受け継いだ消費癖はイギリス人のDNAにしっかり根付いているように感じられます。

二一世紀の現在の英国では、景気が上向きになれば車、パソコン、デジカメ、そして家をお洒落に演出する家具や小物の市場が活況を呈し、クリスマスシーズンともなれば抱えきれないほどのショッピングバッグを手に、町のハイストリートを闊歩《かっぽ》している人たちの姿を多く目にします。

「あれだけの物をいったい、家のどこにしまっているのやら……?」そんな疑問も湧いてきそうですが、英国暮らしにおける〝隠す技術〟と〝捨てる技術〟には、なかなかどうして、感心してしまうほどの〝技〟で満載です。

まずは〝隠す技術〟。毎日の暮らしには必要のない物、たとえばクリスマスに飾るオーナメントの数々や、代々受け継がれたアンティークな調度品などなど。そういった物はとりあえず屋根裏《アティック》へしまいます。なにしろ建物と同じ面積、高さも大人が立って歩けるほどの余裕がありますので、その収納能力は日本の優秀な「押入れ」にも引けをとらないほどです。もちろん、この屋根裏を「部屋」として改築している家はヴィクトリア時代から多く見受けられました。たとえばメイド用の寝室や、現代ならば子供部屋や書斎として活用しているお宅も数多くあります。

ガレージ、貸し倉庫を活用

その場合、屋根裏に代わる収納場所は一戸建ての家ならば〈ガレージ〉と呼ばれる車庫です。郊外の住宅地などを注意深く観察してみると、シャッターの閉まった車庫の外に、車を止めている光景を目にすると思います。これは車庫を収納場所として利用しているためです。

また最近の傾向としては〈ストレージ・ルーム〉という、個人を対象とした貸し倉庫を町の郊外などに数多く見かけるようになりました。ヤドカリのように引っ越しをするイギリス人にとって、どうしても手放したくない家具や調度品。また独立した子供の荷物などの保管に、一時的に倉庫を利用する人は多いようです。

　ともかく、普段必要のないものは徹底的に目の前から〝隠す〟。これが英国式居心地のいい暮らし空間を作る、第一の極意です。

日本のフリーマーケットにあたる「カーブーツ（車のトランクのこと）・セール」は不用品を処分する絶好のチャンス。早朝にはプロのバイヤーもやって来て、なかなかの盛況。

カーブーツ・セールの会場やスーパーストアの駐車場の一角に必ずある、チャリティショップのリサイクルボックス。売れなかった物はここに放り込んでしまうという仕組みになっている。

郵便受けには毎週のように、さまざまなリサイクルショップのリサイクルバッグが入ってくる。

リサイクルやチャリティーに

　さて、次に〝捨てる技術〟です。まだ使えるのに……、まだ着ることができるのに……といって、もう数年使用していない物や服が家のなかにありませんか？　イギリス人の場合、そうしたものは大胆に捨てます。正確にいうと、リサイクルに出したり、慈善団体に寄付したりします。ともかく家の中から排除するのです。無駄な物はいっさい置かない……、というか目につくような場所に置きっぱなしにしません。「使わない物は、必要な人に役立ててもらおう」というポリシーが徹底しています。

　こうしたことが可能なのは、実にうまく社会の仕組みができあがっているためです。

　現在、英国にある慈善団体の数は、正式に国に登録されている組織だけでも一八万以上。そのなかでもとくに規模の大きいオックスファムや英国がん研究所、心臓病支援基金などおよそ一〇団体前後は、英国中の町のハイストリートにチャリティ・ショップを構え、寄付によって集まった服や小物を販売して、団体の運営資金にまわしています。多いときは、一週間に二〜四の慈善団体から寄付品回収のための袋が郵便受けに入ってきます。つまり、家のなかで無駄になった服や本や小物などを、その袋へ入れて、指定された朝に家の前に置いておけば回収されるしくみです。

　こうした慈善行為はいまに始まったのではなく、ヴィクトリア時代よりも前から主に教会が中心となって行われていました。現代のような本格的な慈善団体の活動も一九世紀中頃には、さかんに行われるようになりました。それだけ歴史ある〝捨てる技術〟。粗大ゴミの処分に悩むこともなく、社会のなかでうまく循環しています。

第7章

訪ねてみたい
ロンドンで楽しめる英国インテリア

「旅行で英国インテリアを楽しみたいけど、滞在日数がかぎられているし車もないし……」そういった方々は多いはず。そこで最後のこの章では、ロンドンで手軽に楽しむことができる〝本物の〟英国インテリアをご紹介します。

カーライル・ハウスがあるロンドンの閑静な高級住宅地、チェルシー。ミドルクラスの住むテラスドハウスが続く。

トーマス・カーライルとその妻ジェーン・カーライルが暮らした家にはカーライル晩年の彫像のプレートが掲げられている。

ロンドンセレブのお宅拝見

世界的な観光地であるロンドン。多くの著名人が深くかかわった地域としても有名で、ロンドンのいたるところで〈ブルー・プラーク〉(Blue Plaque)のかかった建物を目にします。

ブルー・プラークとは、著名な人物がかつて住んだ家、もしくは歴史的な出来事があった場所に設置される銘板《めいばん》です。ただし、そうした銘板が示すのは「かつてそうであった」ということだけで、現在は一般の人の住宅だったり、オフィスになっていたり。家の外観も内部も当時のままで、さらに見学できるところとなると、とてもかぎられています。

そのようなか、一八九五年から一般に公開されている家があります。ヴィクトリア時代に哲学者、随筆家として活躍

カーライルの書斎。家の最上階、屋根裏部屋を改造したもので、その名も「The Attic（屋根裏）」。カーライルは音に対して極度に神経質な性質であった。早朝の隣の裏庭で飼われている鶏の鳴き声、通りから聞こえる街頭のオルガン弾きの演奏等々、それらの騒音から逃れるために、当時としては珍しい'防音'施工をした。結果、通りと裏庭側にあたる壁は二重に、天井の明かり採りの窓も二重ガラスになっている。

階段踊り場のミニテーブルと椅子。この家を訪れた文化人は多く、ヴィクトリア時代を彩ったさまざまな著名人がこの家に集った。

1階パーラーのピアノ。ピアノの上の絵は1857年にロバート・テイトによって描かれた。当時のインテリアが詳細に描かれている。現在の壁紙はこの絵をもとに複製されたもの。

したトーマス・カーライル（Thomas Carlyle, 1795~1881）が一八八一年に亡くなるまでの四七年間をすごしたテラスドハウスです。かつては〈カーライル博物館〉として夏目漱石の紀行文でも紹介されています。一九三六年には、ナショナル・トラストに引き継がれ、現在では〈カーライル・ハウス〉と呼ばれるヴィクトリアン・ハウスです。

閑静な高級住宅地、ヴィクトリア時代からのテラスドハウスが並ぶ一角に、ひっそりと〈カーライル・ハウス〉はあります。

目を引くような看板はいっさいなく、壁面に掲げられたカーライルの横顔を彫り出したプレートに気がつかなければ見落としてしまうほどです。

中に入ると、そこはまさに〝ヴィクトリアン〟。かつてはカーライル夫妻がくつろいだであろうドローイングルームにはじまり、二階に上がれば彼らの寝室。さらに最上階には数々の名著が生まれた書斎など。また階下にはキッチンや使用人たちの部屋があります。ガーデンもテラスドハウスの特徴である細長いスペースを利用した素敵な作りになっています。

また最も興味深いのは、この家を訪れ

カーライルの妻、ジェーンの手による“スクラップ・スクリーン”。数か月もかけて写真やプリントを貼り合せたものだが、とてもチャーミングに仕上がっている。晩年のカーライルにとって、先立ったジェーンをしのぶよすがとなっただろう。

ウィリアム・モリスとも交流のあったカーライル。ドローイングルームの壁紙はモリスの「柳の枝」。

「カーライル」と書かれたタバコケース。

２階にあるドローイングルーム。当初はカーライルのライブラリー兼書斎で、彼の代表先「フランス革命」もここで書かれた。しかし、隣人のピアノの音や通りの騒音に耐えられず、1852年にはエレガントなドローイングルームに模様替えされた。

ジェーンのチェンジングルームからベッドルームを望む。ジェーンもカーライルに引けをとらない神経質な性格で不眠症であった。また病気がちでもあったため、夫妻は間もなく寝室を別々にすることになった。

た数々の著名人です。ウィリアム・モリスやヴァージニア・ウルフなど、まさに当時のセレブレティの集会所的役割も果たしていたようです。カーライルはヴィクトリア時代の辛辣なコメンテーターとして、多くの文化人たちから慕われていました。そしてその様子は、インテリアを通じて実感することができます。

カーライル・ハウスのバックガーデン。裏口からのガーデンの眺め。

ロンドンの家並みからは想像がつかないほど豊かな緑。テラスドハウスとして並んでいる左右の家にも、同サイズのガーデンがある。カーライル・ハウスは屋根裏部屋も含めると地上５階、地下１階の構造。

このガーデンはカーライルお気に入りの場所だった。

Carlyle's House
24 Cheyne Row, Chelsea,
SW3 5HL
Tel: +44 (0) 20 7352 7087

1900年当時とほとんど変わらないキッチン。白木のテーブルと同色の壁で全体が落ち着いた雰囲気になっている。小さな家だったので、使用人はこのキッチンを寝室にしていた。しかし、ジェーンとの相性の問題から32年間で34人以上の使用人が雇われては去っていったという。

ブルー＆ホワイトの陶器が並ぶカップボード。当時のランプやつぼも。

手前の移動式浴槽はもともとジェーンのチェンジングルームにあったもの。夫妻の友人であったヴァージニア・ウルフも使用したといわれている。

ミュージアムは
アイデアの宝庫

　ロンドンには世界の人々を魅了する素晴らしいミュージアムがたくさんがありますが、なかでも英国インテリアについて深く知ることのできるのは、〈ヴィクトリア&アルバートミュージアム〉と〈ジェフリー・ミュージアム〉。

　ケンジントンにある〈ヴィクトリア&アルバートミュージアム〉はヴィクトリア女王とアルバート公が一八五一年に開催されたロンドン万国博覧会の収益や展示品をもとに、一八五二年に産業博物館として開館したものです。

　コレクションの数はおよそ四〇〇万点。歴代の家具や建築、タペストリーやステンドグラス、陶磁器、宝飾品、衣装にいたるまで、英国インテリア好き、アンティーク好きの方には、たまらない内容です。とくに一九世紀英国のゾーンには、英国のインテリアに大きな影響を及ぼしたウィリアム・モリスの壁紙原案図や版

ヴィクトリア&アルバートミュージアムの英国インテリアの歴史コーナー。様式ごとに代表的な装飾品や家具が展示されている。

ウィリアム・モリスのオリジナル家具（左上）をはじめ、ヴィクトリア時代の女優の楽屋や上流階級の女性の寝室、食卓などが忠実に再現されている。英国での滞在がかぎられている人には、お勧めの博物館だ。

見事なタイル貼りのインテリアで、思わずシャッターを切ってしまうトイレ。館内のどこにあるかは、行ってみてのお楽しみ。

博物館内にあるライブラリー（図書館）。日本ではけっして見ることのできないような、ヴィクトリア時代の原書に出会える。

Victoria and Albert Museum
Cromwell Rd, London SW7 2RL
Tel: +44 (0) 20 7942 2000
http://www.vam.ac.uk/

左／家具の代表ともいわれる椅子の歴史をわかりやすく展示している。右上／ピリオドルームズと呼ばれる、各時代の客間を再現したコーナー。1960年代のインテリア。左下／ヴィクトリア時代の敷物の種類を解説。

木も展示されていて、これは必見。

また展示品のみならず、ヴィクトリアンタイルを施した建物のインテリアが素晴らしいので、ぜひお見逃しなく。ともかく豊富な展示品の数々ですので、数時間といわず丸一日、可能であれば二、三日通い詰めて、じっくりお楽しみください。

〈ジェフリー・ミュージアム〉はロンドンオーバーグランド鉄道のホクストン駅に隣接する英国インテリアに特化したミュージアムです。一七世紀後半、ロンドン市長だったサー・ロバート・ジェフリーにちなんで名づけられたもので、一六〇〇年以降の、主に中流家庭のインテリア様式の変化を展示しています。

規模は決して大きくありませんが、忠実に再現された各時代ごとの展示は素晴らしく、本書でも数多く紹介しています。一階にはワークショップやセミナーを行うスペース。また館内のミュージアム・ショップには英国インテリアに関する書籍も豊富にあります。英国インテリアに興味をもつ方には必見のミュージアムです。

展示会場から下へ降りるとワークショップルームがある。歴史的な外観とは異なり、館内は近代的。

館内のティールーム。すぐ近くにショップもあり、英国インテリアにまつわるさまざまな書籍や商品を販売している。

The Geffrye, Museum of the Home
136 Kingsland Road
London E2 8EA
Tel: +44 (0) 20 7739 9893
http://www.geffrye-museum.org.uk/

あとがき――再認識の喜び

一九九九年、およそ三か月で五八か所におよぶナショナル・トラストのプロパティ（保護資産）をめぐる旅を敢行しました。その旅の模様は『お茶しませんか？英国で～ナショナル・トラスト　ガーデン&紅茶の旅』（青春出版）にまとめました。

いま思えば、当時は英国インテリアはもとより、英国の歴史や建築に関する深い知識もなく、壮麗なカントリーハウスや美しいイングリシュガーデンにただただ感動するばかりの旅であったように思います。

二〇〇一年からは、夏の間の数か月をナショナル・トラストの複数のプロパティですごすという稀な機会に恵まれています。〝本物〟の英国インテリアに囲まれて仕事ができるということは、私にとってとても幸せなことです。

ナショナル・トラストについてはご存知の方も多いと思いますが、英国を代表する環境保護団体であり、その支え手は現在三七〇万人にのぼる英国民です。そして彼らが保護する対象物は、自然景観地はもとより、三五〇以上の歴史的建造物や庭園、古代遺跡のみならず、室内装飾や調度品など多岐に渡っています。国民の力だけで、これだけの歴史的財産を守りつづけている英国の底力に、今回あらためて感服しました。

また英国の人々が自分たちの歴史や培ってきた文化、そして生活様式やインテリアに、どれほど深い愛情を持っているかということも、少なからず理解することができました。一方で、中世からヴィクトリア時代、さらに現代に至るまで、膨大な数のインテリアが現存していることも、自然災害の多い日本から見れば、実に羨ましいことでした。

そしてインテリアそのものにも、イギリス人としての誇りやアイデンティティといった〝英国らしさ〟を垣間見ることができ、その魅力を、本書を手にとってくださった読者の皆様に、少しでも感じていただければ幸いです。

本書の執筆にあたっては、脱稿までの長い期間を辛抱強く待ってくださった河出書房新社の村松恭子さん、原稿の遅れのために短い期間でのお仕事をお願いせざるをえなかったにもかかわらず、素敵な本に仕上げてくださったデザイナーの水橋真奈美さん、また前回に引き続きご協力くださったNPO法人ナショナル・トラストサポートセンターの理事、田川由紀子さん、徳野千鶴子さんにこの場を借りて感謝申し上げます。

I would like to thank you from the bottom of my heart to all of the staff of the National Trust properties.

二〇一三年一〇月吉日

小野　まり

参考・引用文献

書名	著者	出版社	出版年
A History of English Furniture	Percy MacQuoid	Lawrence & Bullen Ltd	1904-1908
The Victorian Catalogue of Household Goods	Dorothy Bosomworth	Studio Editions Ltd	1991
The Victorian Society Books of The Victorian House	Kit Wedd	Aurum Press limited	2002
The Victorian House Catalogue	Young & Marten	Sidgwick & Jackson Ltd	1990
The Vicrorian House Book	Robin Guild	Sidgwick & Jackson Ltd	1989
The Victorian Catalogue of Household Furnishings	Hampton & Sons	Studio Editions Ltd	1994
Life in The Victorian Country House	Pamela Horn	Hhire Publications	2010
British Architectural Styles	Trevor Yorke	Countryside Books	2008
British Interior House Styles	Trevor Yorke	Countryside Books	2012
Victorian House Explained	Trevor Yorke	Countryside Books	2005
Georgian & Regency House Explained	Trevor Yorke	Countryside Books	2007
The Victorian Home	Kathryn Ferry	Shire Library	2010
Victorian Britain	Brenda Williams	Jarrold Publishing	2005
The Edwardian Home	Yvonne Bell	Shire Library	2012
Textiles by William Morris and Morris & Co., 1861-1940	Oliver Fairclough and Emmeline Leary	Thames and Hudson	1981
Morris & Co. a revolution in decration	Michaael Parry	Morris & Co.	2011
Flora Domestica A History of Flower Arranging 1500-1930	Mary Rose Blacker	The Ntional Trust	2000
London Interiors	Jphn Cornfrth	Aurum Press Ltd	2000
Hanbury Hall and Garden		The National Trust	2013
Coughton Court		The National Trust	2013
Sudbury Hall		The National Trust	2005
Baddesley Clinton		The National Trust	2007
Ickworth		The National Trust	2007
Kedleston Hall		The National Trust	2010
Carlyle's House		The National Trust	2013
Back to Backs		The National Trust	2008
Hampton Court Palace	Thurley Simon	Historic Royal Palaces	2001
Chatsworth	Claire Fowler	Chatsworth House Trust	2010
Audley End	Paul Drury	English Heritage	2010
Design Ideas for Your Home	Alison Dalby	The National Trust	2013
A History of the Geffrye Almsouses	Kathy Haslam	The Geffrye Museum	–
Red House		The National Trust	2004
Wightwick Manor		The National Trust	2003
Figures In A Landscape	John Gaze	Barrie & Jenkins	1988
Founders of the National trust	Graham Murphy	The National Trust	1999
インテリアと家具の歴史　西洋篇	山本　祐弘	相模書房	1968
英国家具の愉しみ	高橋　守	東京書籍	2006
ヴィクトリアンタイル　装飾芸術の華	山本　正之　他	INAX出版	1985
家具とインテリア小物　選び方、使い方	目の眼　別冊　西洋アンティーク　No.5	里文出版	2012
図説　イギリスの歴史	指　昭博	河出書房新社	2002
図説　ヴィクトリア朝百貨事典	谷田　博幸	河出書房新社	2001
図説　英国貴族の城館	田中　亮三	河出書房新社	1999
英国レディになる方法	岩田　託子・川端　有子	河出書房新社	2004

◉著者略歴

小野まり（おの・まり）

特定非営利活動法人ナショナル・トラストサポートセンター代表。

英国ナショナル・トラストの歴史的建造物を活用した二〇年間にわたるイベント・マネジメントの経験を生かし、国の文化財建造物などの再活用や地域再生を提案。

日本の歴史的建造物再生のコンサルタントも務め、英国の環境保全の取組みやライフスタイルなどについての講演やエッセイも多い。

主な著書に『図説　英国ナショナル・トラスト』『図説　英国コッツウォルズ』『図説　英国湖水地方』『図説　英国アンティークの世界』（河出書房新社）など多数。

連絡先：ナショナル・トラストサポートセンター

http://ntscj.org

ふくろうの本

新装版

図説　英国インテリアの歴史　魅惑のヴィクトリアン・ハウス

二〇一三年一一月三〇日初版発行
二〇一九年　二月一八日新装版初版印刷
二〇一九年　二月二八日新装版初版発行

著者……………………小野まり
装幀・デザイン…………水橋真奈美（ヒロ工房）
発行者…………………小野寺優
発行……………………株式会社河出書房新社
〒一五一-〇〇五一
東京都渋谷区千駄ヶ谷二-三二-二
電話　〇三-三四〇四-一二〇一（営業）
〇三-三四〇四-八六一一（編集）
http://www.kawade.co.jp/

印刷……………………大日本印刷株式会社
製本……………………加藤製本株式会社

Printed in Japan
ISBN978-4-309-76279-1